U0127478

マンガでやさしくわかるゲーム理論

漫畫 賽局理論

解決問題最簡單的方法

川西諭——著　円茂竹縄——繪　蔡昭儀——譯

漫畫 賽局理論 目次

Prologue 所謂賽局理論

Part 3

動態賽局——拓展時間性的視野

Part 4

行為經濟學的賽局理論——了解人的「行動」

Part 5

賽局理論的應用——為了進一步解決問題

前言

利用賽局理論思考，提升問題解決能力

本書是作為問題解決工具的賽局理論入門書。

現在，賽局理論作為探尋各種社會問題解決之道的工具，受到研究者廣泛的運用。

主修應用經濟學分析的我也在二十年前左右，為解決各種經濟社會問題，運用賽局理論來進行研究。

當我開始學習賽局理論，並用以分析社會問題時，我對社會的觀察大大地改變了，那種感覺至今仍記憶猶新。對於過去無法解釋的現象，我可以清楚地看見構造，思考應該做什麼才能解決。

學了賽局理論後，我對社會的觀察之所以會改變，是因為發現「我們對事物的看法」與「賽局理論對事物的看法」不同的緣故。

小孩子尤其明顯。我們對自己的事情或是身處的狀況多半不擅客觀以對，我們習慣只從自己的視角去看事物，所以無法預測或理解別人的行動——也就是無法理解問題的本質。

賽局理論的重點在於不只是看自己，也同時要俯瞰包含他人的相互依賴關係，掌握問題的整體樣貌，拓展空間上的視野來理解問題的構造。

在時間上的視野也不同。

我們在時間上的視野總是狹隘，經常後悔「要是當初沒那樣做就好了……」。為了避免這種遺憾，懂得放寬時間上的視野分析狀況是很重要的。運用賽局理論也可以學到以長遠的觀點，有計畫地達成目標的方法。

學習賽局理論，拓展空間及時間上的視野，就可以得到「看穿問題的本質」、「解決問題」的能力。不僅學術研究者，對商界人士和學生也都是很有利的技能。

事實上，賽局理論在專門培育商界領導者的管理學院中是基本科目。

我自己也在二〇〇九年出版了《所有問題，都是一場賽局》，這本書是為商界人士所寫的賽局理論入門書。

但是，許多讀者反應「光看賽局理論的入門書，還是不懂該如何解決周遭的問題」或「想不出具體的應用範例」。

因此，我希望能將賽局理論的應用法以更淺顯易懂的方式傳達——本書即為此理念而寫。

漫畫中，透過銀次郎為解決溫泉老街的各種問題，而努力奮鬥的過程，提供讀者想像賽局理論的應用方法。在重點解說部分，不僅介紹基礎概念，也設計了習題讓讀者方便思考身邊的問題。

接下來，就請藉著銀次郎的奮鬥故事，一起探索深奧的賽局理論吧。

川西諭

Prologue 所謂賽局理論

某縣
山裡的溫泉小鎮
沒落的溫泉街
出現救世主!?
Story 0
啊~好無聊…
啊~
好無聊…
桂馬屋
桂馬屋

都沒有客人⋯⋯
桂馬屋
旅館　桂馬屋
次男
桂　銀次郎（28）
喂！銀次郎，坐在門口像什麼樣！
媽⋯⋯呃，老闆娘。
有什麼關係嘛，又沒有人⋯⋯
繼承家業的大哥突然落跑，
把我從東京叫回來是沒關係⋯⋯
不要來找我
什麼！
可是都沒有客人
你在說什麼，這不是有一位客人嗎！
老闆娘!!

我畫了一部傑作啊！

哇～好漂亮！

畫這是什麼鬼東西啊…!!

這是「螞蟻眺望山上的夕陽」!!

好有新意喔！

溫泉已經準備好了喔！

沒什麼特色的
鄉下老礦區，
死氣沉沉，
也不可能
熱鬧起來…
啊！好想回
東京喔…

那個…我一直覺
得晚餐的食材，
這家好像比
較便宜耶。
唉呀，不行啦！
現在已經是最低
程度的品質了。
這一帶的住宿費一直
在降價耶，要是成本
不想辦法降低點…

我們是低價旅館，客人不會特別期待什麼的啦！
現在的人，選擇考量是越便宜越好。
是這樣嗎？
堅守以前的尊嚴沒有用了啦！
……

呵哈哈哈
喔喔！銀次郎，
不好意思，把你給叫來，
這個百菇湯真好喝耶！
…蒙您誇獎？
這食材是我們特別請人去山上採的，
香子小姐好像特別喜歡山裡的東西。
您還記得啊!?
好開心哦！
誰啊？
我覺得好像在哪裡見過這個人…

過去承蒙令尊公司的愛顧，
還曾陪銀次郎一起玩呢。
20年前

有…有嗎？
啊哈哈哈
喂！你不記得了!?
你還答應要跟我結婚耶！

唉呀~~對耶~~♥
喔呵呵呵
誰記得啊!!

現在已經不如往常了，這一帶都沒落了，
不知道還能繼續聊多久往事呢…

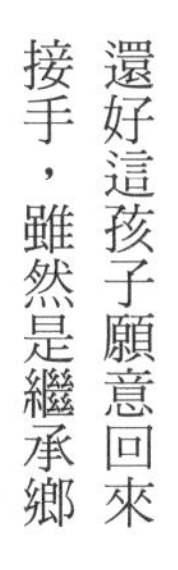
還好這孩子願意回來接手，雖然是繼承鄉下的老旅館，擔子還是很重啊！

一時想起了好多令人懷念的往事，真是心滿意足了。

啊哈哈哈
聊得真開心
…那我們就告辭了。
我們這裡什麼都沒有，還請您多多包涵。
總算解脫了！
銀次郎！可以借一步說話嗎？
…好的？
…你真的有心要做嗎？
櫃檯空蕩蕩，讓客人等上五分鐘，好多設備都故障不能用。
餐點也是…除了老闆娘送來的百菇湯以外，其他都是到處吃得到的東西。
故障中

連鎮上的泡腳公園都荒廢成那樣…你父親那時候可不一樣。

再這樣下去，你們很快就會倒閉。
沒…沒辦法啊。

你說！我們鎮上到底有什麼？也沒有什麼豐富的觀光資源。這裡只是老礦區耶！
不降價就沒有客人來，要降價就得節省開支…

旅館公會不團結，員工各個也都懶洋洋…
你說，這種狀況誰會有動力？
時勢所趨，沒辦法啊！

那是銀次郎你的看法，
你不覺得還有其他的見地嗎？
這裡有銀次郎你，有員工…
此外還有旅館公會，有客人…可能還有其他觀光地區的看法！
如果可以知道各自的觀點，應該可以想想對策啊！
客人
員工
自己
工會
足球選手的觀點和俯瞰直播畫面所看到的完全不一樣吧！
選手、團隊都有各自的觀點和利害關係。
但…現實生活哪有什麼直播畫面！

所以才有賽局理論啊！
賽局理論將狀況當成「賽局」。
不只對自己，也對別人的行為掌握整體狀況，包含利害關係。
這是為深入了解發生的狀況擬出對策的思考方式喔！
怎麼樣？要不要聽聽看？
嗯…雖然沒什麼說服力，還是…

⇩ 可應用於一切問題的賽局理論

故事的主角，銀次郎即將要學習的賽局理論，其實並沒有很久的歷史。

二十世紀初期，天才數學家馮紐曼（John von Neumann）和經濟學家摩根斯坦（Oskar Morgenstern）為分析經濟問題的數學理論，就是賽局理論的開始。

賽局理論是用來分析雙方的利害對立關係或交涉的工具。之後，更發現可以用於分析國與國的關係或是動物行為，不僅經濟學，社會學或心理學、生物學等各種學問領域也都適用。

人或組織，還有生物等相互影響的狀況下，有時我們會觀察到無法理解的現象。而賽局理論可以對這些狀況的理解提供非常有效的幫助。

所謂賽局理論

賽局理論

用來分析雙方的利害對立關係或交涉的工具

■ 賽局理論的應用範圍

國家之間的對立

組織內的問題

⇩ 俯瞰問題

賽局理論的特徵是，**對複數的人或組織間所發生的狀況，以客觀角度俯瞰分析其全貌(看做一場賽局)。俯瞰思考就是賽局理論的最大特徵。**

賽局理論之所以有益，是因為我們一般人都極不擅長俯瞰思考。

從自己的角度來看狀況是比較簡單的。但是，這樣只是從一面去推敲問題，多半不能對本質有所理解。

故事的主角銀次郎面臨了各種問題，而他不懂得俯瞰自己所置身的狀況，只好自暴自棄，因此落入「無法改善狀況」、「不能解決問題」的困境。反觀香子，她藉著俯瞰狀況並進行分析，清楚了解問題的本質，認為可以解決，所以才向銀次郎提出建言。

要俯瞰問題，也就是以大局的視野捕捉問題的全貌，必須要有想像力。

如果站在他人的立場，對問題的看法是怎樣呢？

從**多方面思考問題的本質**，就是賽局理論的最大特徵。

嘴巴說說很簡單，但俯瞰狀況也不是真的那麼容易。

銀次郎為旅館面臨的各種問題傷透腦筋，幾乎要放棄了，像這樣光從自己的角度看就已經是很複雜的狀況也屢見不鮮。再加入別人的觀點不就更麻煩、更沒辦法理解了嗎？

複雜情況的俯瞰思考

⇩ 單純化思考

這時候可以幫助我們的，就是賽局理論的另一個特徵，單純化。

一旦對複數的人或組織互相影響的狀況看得太仔細時，反而會因為太複雜而無法理解。

細節雖然也很重要，但若**因為無法理解狀況，就會被困在瓶頸，因此只專注在最重要的重點才是聰明的做法**。換句話說，簡單理解狀況，再思考對策。

我們利用賽局理論，**在複雜的狀況當中只抽出玩家、策略、利得這三個要素，簡化狀況來理解**。關於三個要素的詳細內容，請見下表。

第一次學賽局理論的人可能會擔心「這樣大膽簡化，不會迷失問題的本質嗎？」我們當然不能連重要的部分都排除，不過若能適度抽出玩家、策略、利得這三項，就可以充份推敲問題的本質。

賽局理論的三個要素

玩家	● 玩家是指在狀況當中擔任核心角色的人或組織。 ● 思考在狀況當中誰是和問題本質關係最大的重要人物或組織，並只專注在他們身上。 ● 還沒習慣賽局前，先縮減為兩個玩家進行分析。
策略	● 所謂策略，就是個玩家針對行動的選項。 ● 只專注於對結果構成影響的重要選項。
利得	● 所謂利得，是玩家所希望可能發生結果的程度。 ● 兩個玩家各有策略時，可能發生的結果是 2x2 ＝ 4 種，以數字來表示各玩家所希望的程度就是利得。 ● 某個玩家所希望的結果不一定就是別的玩家希望的結果。

⇩單純化可以得到三個觀點

這樣的說明，讀者應該已經理解賽局理論的特徵。賽局理論可以將狀況極度簡化，而藉此產生各種優點，詳細內容如下。

⇩觀點1　可以應用於各種狀況、領域

賽局理論不僅適用於經濟學，也可以用於分析生物學或社會學、政治學、心理學等各種領域，理由就在於單純化。

不只是商業上的各種問題，包括政治上的問題、動物的問題單純化之後，用數字來表示，就可以進行分析。

此外，例如在動物界也有類似企業間的合作關係或敵對關係，在某個學問領域已經成立的事實也可能適用於另一個完全不同的學問領域。**賽局理論的分析可以超越學**

問領域的高牆，也是廣泛用於商業界的工具。

⇩ 觀點 2 了解問題的典型模式

乍看之下完全不同的問題，用賽局來表現時，數字上就幾乎是相同的構造了。這是因為**會產生問題的構造其實有幾個典型模式**。

看懂引發問題的典型模式，你將對社會完全改觀。只要事先知道問題的模式，理解各種問題模式的構造和因應方法，就可以處理相同構造的多樣問題。

⇩ 觀點 3 容易拓展視野

一旦拘泥於細節，視野就會變得狹隘。只要懂得排除多餘的因素，就可以拓展空間及時間上的視野。

香子舉足球為例，視野狹窄的選手只能看到較少的選項，遇到不利的狀況便難以突破。拓展視野可以看到更好的傳球位置或是射門位置，使比賽的進行更加靈活。

同理，商業界也是一樣。懂得從別人的立場看事情的人，比那些只從自己的視角看事情的人，可以更清楚看到問題的構造。還有，簡化問題，就可以拓展空間上的視野，有時還會因此注意到有「第三個玩家」可以支援我們解決問題。

當我們簡化問題、推敲本質時，也能看出時間的重要性。**我們面臨的許多問題，原因多半不是現在，而是過去的行動。**換句話說，行動和結果之間多有時間差的情形。要是沒有發現這一點，只思考眼前的事情，就無法解決問題的本質。

所以說，將狀況極度簡化，也可以開拓時間上的視野來思考問題。

04 將賽局理論應用在商場上

⇩ 商場上充滿賽局理論的對象

如我先前說明，賽局理論可以廣泛應用於各種問題與各種領域。

在學術界的各個領域，賽局理論是用來作為標準的分析工具，但其範圍並不僅止於學術界。商場上也普遍公認是有效的決策或問題解決工具。全世界的商學院都將賽局理論編入最重要科目之一就是最佳證明。

賽局理論何以能在商業界發揮效果呢？

理由是（特別是現代）**商場上充滿著複雜的利害關係和相互依賴關係的緣故**。

我們和顧客、競爭企業、交易對象、銀行等金融機構，以及行政、地區、股東等各種有權益關係者，建立了利害關係或相互依賴關係。企業內部也有經營者和員工、工會或部門間的關係，部門內部則有上司與同事、部屬之間等各種人際關係。

尤其是領導者站在負責人的立場，對這些關係中會發生的各種問題，都應該先有一套因應的方法。而賽局理論正可以提供參考，派上用場。

⇩在不容許維持現狀的時代，培養解決問題的能力

IT產業帶頭的技術革新和全球化、人們的價值觀和生活方式的改變，使得今天的商業環境以前所未有的速度變化著。不久前還很稀鬆平常的事，突然就跟不上時代了，這樣的事時有所聞。還有越來越多過去從未經驗過的新問題。

這些問題雖然不是全然適用賽局理論，但**商場上的問題多半都因複雜化的關係而產生**。而賽局理論便能夠發揮作為解決問題手段的威力。

⇩為了應用在解決問題上

本書的目標，是希望讀者能將賽局理論活用在解決商場上的各種問題。透過故事

情節，看銀次郎運用賽局論解決問題，想像現實生活中可以應用賽局理論的案例。解說中還準備了帶入自己問題的思考習題。

儘管如此，實際應用時只看本書及習題或許還稍嫌不足。就像是讀了英文書，要是沒有實際使用英語與人對話，也不太能流利口說。任何事都一樣，一定得實際嘗試過，才能更深入了解其理論，學會並靈活運用。

如果你在日常生活中注意到「這個問題或許可以用賽局理論」，就先實際試試看（當然，初次請先從即使失敗也不致於困擾的問題開始）。

這就是學會賽局理論的思考法，提升問題解決能力的捷徑。

Part 1

囚犯困境
——賽局理論的基本

歩成町集会所

呃…

贏不了的比賽就改規則

Story 1

那麼我們就開始公會的例行會議…

飛車屋　老闆

角行旅館　老闆

玉乃湯　老闆

王將飯店　老闆

……

結束！
喂！什麼都還沒談耶！

只是形式上開個會嘛，
而且大家感情也不太好啊…

有沒有什麼讓鎮上熱鬧起來的新點子啊？
我才要問王將老闆你有沒有呢？
我可是做了很多耶！問題在你們吧。
開始了…
呃…那由我先說，好嗎？
我是覺得整修泡腳公園不知道好不好…
泡腳公園？那誰要去保養？
嗯，輪流的話…
當初不就是因為大家都沒空，才關起來的嗎！
哼！沒空是因為你們不夠努力吧！
那…你去做啊！
無力…
你不要什麼都推給我！
總之啦！我們是最拚的，
可沒什麼好讓你們說三道四！

隔天——
什麼…王將飯店竟然又降價！
那老小子講的努力，還不是只有這一招！
桂馬屋
他們只想到自己還降得起。
這麼一來，我們也得跟著降價了…
等一下！
咦？
你做什麼呀！香子!!
你好好想一想啦！
王將飯店是那棟很大的建築物？
對啊，他們又在削價搶客了啦！
根本不用在意啊！我上網大略看了一下，不覺得是間好飯店耶…
可是，團體客會被搶走…

人數越多，不是越便宜越好嗎？
=10,000圓
70,000圓
=7,000圓
49,000圓
這樣降價的結果，就沒有利潤，設備也只能一直老舊下去，不是嗎？
話是沒錯啦……
這就是典型「囚犯困境」
囚犯困境？
就是個人利益和團隊利益互相對立的困窘狀態啊！
許多人都只考慮自己的利益行動，所以全體才會陷入不樂觀的狀況。
個人利益
團隊利益

條件①
兩人都認罪，判刑1年

A
B
認罪

1年

條件②
兩人都不認罪，判刑1個月

A
B
……。

1個月

條件③
一人認罪，可獲得釋放，
未認罪者判刑3年

認罪
…。
3年
or
…。
認罪
3年

如果你是某一方的囚犯，你會怎麼做？
呃？好難選…真的是進退兩難啊。

就賭賭看！想要獲得釋放，就去認罪？
但是如果對方打得也是同一個算盤，就要關一年耶…
但兩個人都不認罪，只要關一個月而已…
對！以兩個人的「團隊」來說互相合作，②應該是最好的選擇吧？
但是，如果兩邊都只考慮自己的利益，就會變成①了！

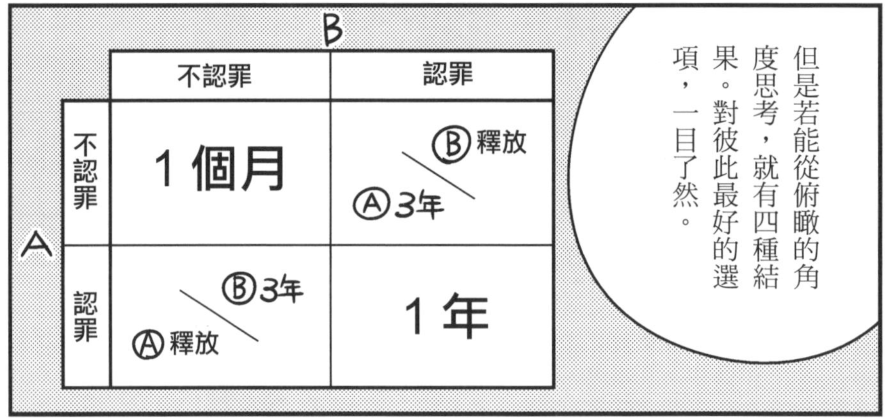

A \ B	不認罪	認罪
不認罪	1個月	Ⓑ釋放 Ⓐ3年
認罪	Ⓑ3年 Ⓐ釋放	1年

類似的狀況到處都有喔！
例如：夏天開冷氣…大家都想著「如果只有自己」，因此就增加整體的消費量。結果，電費就上漲了吧。
旅館之間的價格競爭不也是這樣嗎？
各自為一時的利益，一直削價競爭的結果，最後每一家都沒有餘力充實服務了。
甚至還拖累了溫泉街整體的品牌形象呢！
王將飯店
所以我們應該要合作，而不是一味在價格上競爭嗎？
那個…
你說的我都懂。但大家就是不合作，才會搞成這樣…
沒錯！

即使是正確觀念，光是基於善意訴求「應該要合作」，還是不夠有力。

要是被排擠，釀成「老實人是傻瓜」的氣氛，誰都不會想合作了。

這時候就要善用賽局理論的觀點

賽局贏不了的話，改規則就好了！改為——

「老實人得利」

這是什麼意思？
雖然還只是我一個人的想法…您覺得如何？
嗯，老實說…我們也已經受不了價格競爭了，其他家旅館應該也一樣吧。

如果能脫離這種惡性競爭，就太好了。但是王將飯店根本不理我們啊！
他們就是還有得賺，才會這麼做。
這就是我說要改變規則的地方。

不要比價格，來競爭住宿服務的品質。如何…？
價格
↓
服務
共同制定設備和住宿服務品質的標準，
不能遵守這個標準的旅館，就要罰錢。
我這是現學現賣啊…

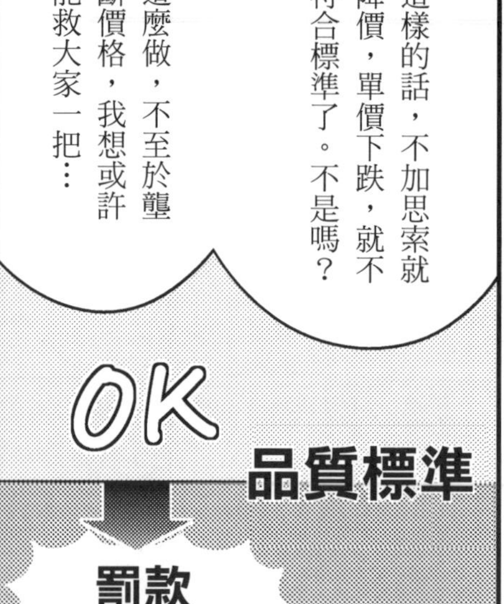

這樣的話，不加思索就降價，單價下跌，就不符合標準了。不是嗎？
這麼做，不至於壟斷價格，我想或許能救大家一把…
OK
品質標準
罰款

有關評鑑項目和罰則，我還要再想想。
嗯…要在公會提案，還得再具體一點。才有說服力啊！

我也來幫忙想想評鑑項目之類的吧！

太感謝了！

只是你說的什麼品牌形象，我是不太懂啦…

這個小鎮，還有那種價值嗎？

啊——泡了個好棒的溫泉！
桂馬屋

欸欸！浴場的效果標示，要寫得更淺顯易懂啦！
不然就太辜負這麼好的溫泉了。

要多宣傳一下才行！
宣傳啊⋯

咦？你在看什麼？
以前的舊相本⋯

⋯我覺得，我好像知道步成溫泉為什麼會沒落了。

大家都覺得我們這個小鎮沒什麼了不起的價值。
我自己也是。有這樣的想法，當然沒有宣傳的心思了。
以前發展都是靠煤礦，剛封山的時候，景氣還不錯，有很多從城市來的客人。
但是，我們只顧著追求眼前的好景，卻慢慢迷失了方向。

真是傷腦筋啊…這不是整個鎮的問題嗎？
好像不是我一個人就能有所作為的樣子…
是啊！
你現在已經會將狀況比擬成「賽局」，俯瞰自己的處境。
因此看出光靠你一己之力，是沒用的。

「賽局」嘛…
從顧客的立場來看，要提升價格也必須要有相對應的價值吧？
話雖如此，但我們這裡就只是煤礦啊！

高級溫泉旅館那種「悠閒自在的時刻」，和髒兮兮的煤礦相比印象完全相反啊…
哦！是嗎？

我覺得煤礦小鎮很好啊。
過去的經濟成長都靠這些耶！
這裡就是讓那些辛苦的勞工休息養生的溫泉鄉啊！
「新生．煤礦小鎮」？
溫泉公會定期例會

呃，簡單用賽局理論來說⋯⋯
新生 煤礦小鎮
唉⋯算了。
總之，再這樣下去，大家遲早要關門⋯⋯
說得沒錯啊！
是有道理⋯⋯
價格本來就是自由競爭！
我反對！
王將飯店你們如果多賺點錢，不也可以再投資設備嗎？
嗯⋯⋯

…!?我還真會講耶！
嗯～說的是啊！
也可以這樣想啊…？

對方的立場也要一起思考
怎麼學個賽局理論，連口才都變好了。
對啊！

離開獨自一人的視線，試著俯瞰賽局。
溫泉鄉，不是只有我們這裡。
為了和其他地方競爭，我們鎮上有必要追求我們這裡才有的優點！

考慮對方的立場考慮對方的立場。
與其在圈子裡互扯後腿，我們應該要適度合作，這對大家都好！

王將飯店是鎮上最大的旅館，如果沒有您的配合，我們鎮上的未來就⋯

既然你都這麼說了⋯！

好啦！既然你說不行，我不做就是了！

哇——銀次郎真是說得太好了！

不愧是東京回來的!!

啪啪啪

啪啪啪

啪啪啪

好像有點太誇張⋯

不過總算逃過削價競爭，也是好事一件⋯

啊哈哈哈

⇩先看賽局理論的分析方法

故事中出現的「囚犯困境」是賽局理論中最有名，也是最具代表性的賽局。

正如香子的說明，囚犯困境是設定有兩個嫌疑犯（囚犯），警察分別對他們提出司法交易的條件。為能更具體掌握賽局理論，我將詳細說明這個狀況該如何分析。

前言提到賽局理論的特徵，就是從已知狀況的本質部分，只抽出**玩家**、**策略**、**利得**這三項來進行理解。

具體的順序如下：

⇩階段1 選定「玩家」

出現在已知狀況中最重要的人物＝選定玩家。在囚犯的困境，兩個囚犯（A和B）就是玩家。

⇩ 階段2 選定各玩家的「策略」

選定玩家之後，接著就是選定各個玩家可能採取的選項。這種選項在賽局理論稱為「策略」。

在囚犯的困境，囚犯A、B都各有「**緘默**」和「**認罪**」兩個選項。如果又考慮「何時、如何認罪」，情況會變得更複雜，這裡只簡單地思考認罪與否而已。

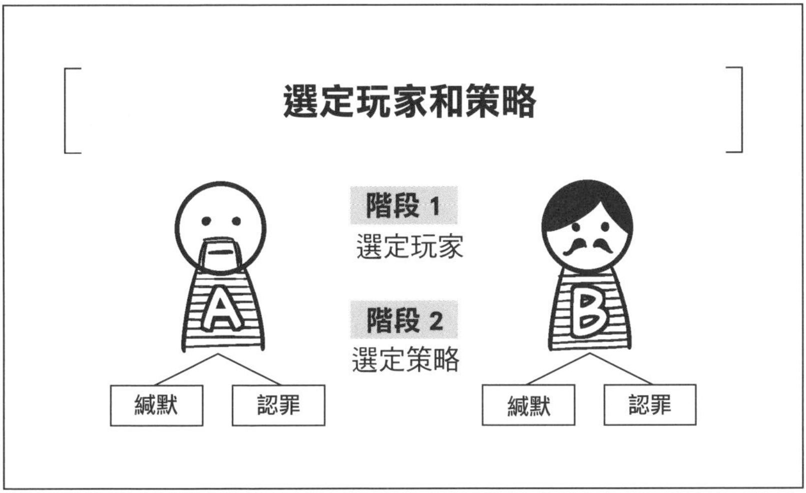

選定玩家和策略

階段 1
選定玩家

階段 2
選定策略

A
緘默　認罪

B
緘默　認罪

⇩階段3 思考各玩家的「利得」

囚犯的困境中，兩個玩家（A和B）各有兩個策略（緘默或認罪），所以可能發生的狀況總共有**「2×2＝4種」**。**「兩人都保持緘默」、「兩人都認罪」、「只有A認罪」、「只有B認罪」這四種**。

在階段3，我們要思考各個玩家對這些選項所考慮的程度。所謂利得，就是指玩家期待的程度。

如果囚犯們心裡的想法是**「羈押期間越短越好」，對囚犯A來說，最好的結果就是羈押期間最短的「只有A認罪」這個選項**。接著，依序是「兩人都保持緘默」和「兩人都認罪」的羈押期間會變長，而最久的是「只有B認罪」。

次頁圖中將**期望程度**從最高到最低，依序以◎、○、△、╳等記號來表示。

我們也同樣思考B的期望。當我們注意到兩人選擇不同，A和B的羈押期間就會不同，B最希望的是「只有B認罪」，以◎表示，接著是「兩人都緘默」為○，下一個是「兩人都認罪」為△，最糟的是「只有A認罪」為╳。

如圖以○或╳等記號來表示雖然無妨，但遇上發生的狀況非常多且複雜時，就無法簡單以記號來標示。因此，**賽局理論以數字來表示期望的程度**。這個數字稱為**利得**。「用數字怎麼表示期望……？」各位初學者可能無法接受，不過這裡只要順位排序清楚，就沒有問題。將期望程度依序排成3點、2點、

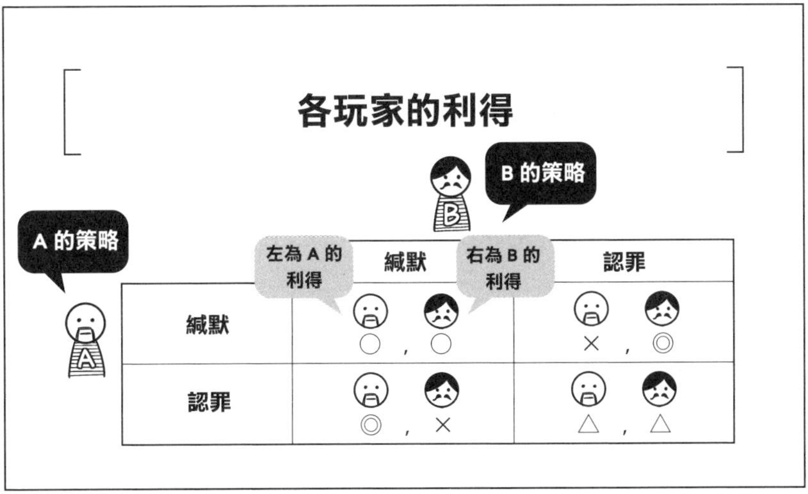

各玩家的利得

B 的策略
A 的策略
左為 A 的利得
右為 B 的利得

A 的策略 \ B 的策略	緘默	認罪
緘默	○，○	×，◎
認罪	◎，×	△，△

1點、0點。也可依習慣分成100點、80點、50點、10點也沒關係。狀況的優劣改用數字大小來標示就可以了。（補充：有時候更高度的分析就必須注意數字的標示方法）。

這個例子我們用3、2、1、0來表示期望的程度。

⇩「利得表」讓賽局構造一目了然

記號改成數字的結果如下圖。

利得表經常用以明示賽局結構。

與前頁的圖相同，利得表的四個欄位表示依各玩家的選擇可能發生的四種狀況。圖表上半部的控制情境是囚犯A緘默，下半部

利得表——以數字表示利得

A＼B	緘默	認罪
緘默	2，2	0，3
認罪	3，0	1，1

則是囚犯A認罪的情境。而圖表橫向的左右列則表示囚犯B的策略不同。左側是囚犯B保持緘默，右側是選擇認罪。

利得表的特徵是各個欄位都分別填入2個數字。**欄位中的兩個數字，左側數字代表囚犯A的利得，右側數字是囚犯B的利得。左上（兩人都緘默）和右下（兩人都認罪）**，兩人的羈押天數相同，所以各是（2，2）和（1，1），同一個欄位有相同的數字。另一方面，**左下（只有A認罪）和右上（只有B認罪）**的欄位中，兩人的羈押天數不同，所以分別是（3，0）和（0，3），一個欄位中有不同的數字。

在「囚犯困境」中重要的資訊（玩家、策略、利得）全都集結在這個利得表。如此，從兩個囚犯所面臨的狀況中，只抽出玩家、策略、利得的資訊，將兩人彼此依賴關係的構造簡化成賽局——這就是賽局理論的特徵。

找出奈許均衡點 02

⇩ 玩家們如何行動

以「利得表」表示賽局的構造後，接著就是分析結果。

我們想知道的不是賽局的構造，而是在**賽局中實際可能發生的事情**。以「囚犯困境」為例，**囚犯們要保持緘默還是認罪**，就是我們最想知道的。

關於預測玩家們行動的方法，有各種思考方式，不過研究者首先會注意的是，賽局的奈許均衡。

簡單來說，**所謂奈許均衡，是指「彼此針對對方的策略，所採取最佳策略的狀態」**。

只要做好利得表，要找到奈許均衡就非常簡單了。

我們就照著以下順序找出「囚犯困境」的奈許均衡吧。

⇩階段1 固定對方的策略，選定各玩家的「最佳策略」

首先，選定各玩家的最佳策略。所謂最佳策略，就是玩家的利得最大的策略。例如猜拳，如果知道對方一定會出「石頭」，要贏就一定要出「布」。這時出「布」就是最佳策略。

若是不知道對方將如何出手，就很難判斷哪一個策略才是最佳的。不過，若能固定對方的策略，最佳策略就呼之欲出了。

同樣的道理，我們來思考看看囚犯A的最佳策略。

首先，囚犯B一定會「緘默」——**如此固定B的策略後，可能的結果就只有利得表左側的2欄而已**。這時囚犯A的利得（左邊的數字）若緘默就是「2」，認罪就是「3」，因此可知「3」是比較大的利得。確認最大利得後，將利得的數字，在這個例子中就是將**「3」**圈起來。換句話說，**囚犯B的「緘默」對囚犯A來說，最佳策略就**

可以選定為「認罪」。

其實策略只有兩個，說最佳策略可能有點誇大，但當策略有兩個以上的情形也是相同的思考方式。

固定對方的策略，思考最大利得，以選定最佳策略。

另一方面，**若將囚犯B的策略固定為「認罪」時**，情況會如何呢？**可能的結果只有利得表右側的2欄**。囚犯A的利得（左側的數字）為「0」或「1」，將較大利得**「1」**圈起來。換句話說，**囚犯B的「認罪」對囚犯A來說，最佳策略還是「認罪」。**

如此囚犯A的最佳策略選定就完成了。

思考 A 的最佳策略

■ 當 B 緘默時，A 的最佳策略是？

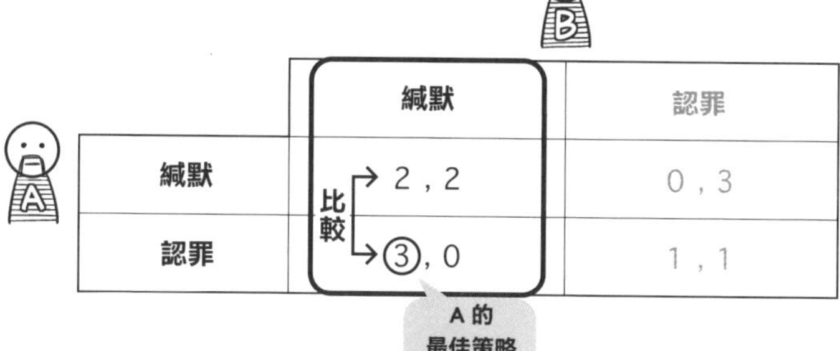

	緘默	認罪
緘默	2，2	0，3
認罪	③，0	1，1

■ 當 B 認罪時，A 的最佳策略是？

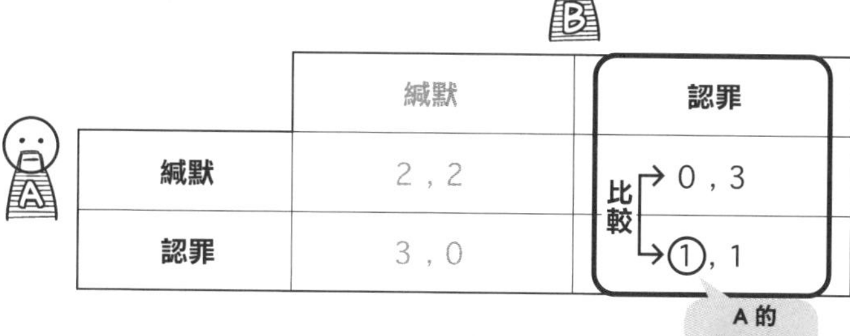

	緘默	認罪
緘默	2，2	0，3
認罪	3，0	①，1

同理，囚犯B的最佳策略也以同樣的方式進行選定。

囚犯A的策略固定為「緘默」的話，可能的結果就只剩利得表的上層2欄。囚犯B的利得為選擇緘默，也就是「2」，而選擇認罪就是「3」，將較大利得的「3」圈起來。

同樣的，**若將囚犯A的策略固定為「認罪」（注意下層的2欄）**，囚犯B若選緘默的利得就是「0」，選擇認罪的利得就是「1」，然後將**「1」**圈起來。

⇩階段2 互相探尋對方採取最佳策略的狀態

分析出囚犯A和B的最佳策略並圈起來後，要找到奈許均衡就很簡單了（參照第66頁圖表）。

奈許均衡是**「彼此針對對方的策略，採取最佳策略的狀態」，兩個數字都被圈起來的欄位，就是奈許均衡了。**

思考 B 的最佳策略

■當 A 緘默時，B 的最佳策略是？

A ＼ B	緘默	認罪
緘默	2，2	0，③
認罪	3，0	1，1

比較：緘默 2，2 ↔ 0，③（B 的最佳策略）

■當 A 認罪時，B 的最佳策略是？

A ＼ B	緘默	認罪
緘默	2，2	0，3
認罪	3，0	1，①

比較：認罪 3，0 ↔ 1，①（B 的最佳策略）

囚犯困境賽局中，可以看出右下的欄位，也就是只有囚犯A和B「兩人都認罪」的狀態才能達到奈許均衡。

⇩ 奈許均衡為什麼重要

研究者之所以重視奈許均衡有幾個理由，其中一項是穩定性。奈許均衡的狀態是彼此皆採取了最佳行動，因此雙方都沒有「改變行動」的動機。**一旦確定了奈許均衡，其狀態就會呈現穩定**的傾向。

另一方面，不是奈許均衡的狀態，一定會有未針對對方策略做出最佳選擇的玩家。這個玩家遲早會改變策略，所以就不

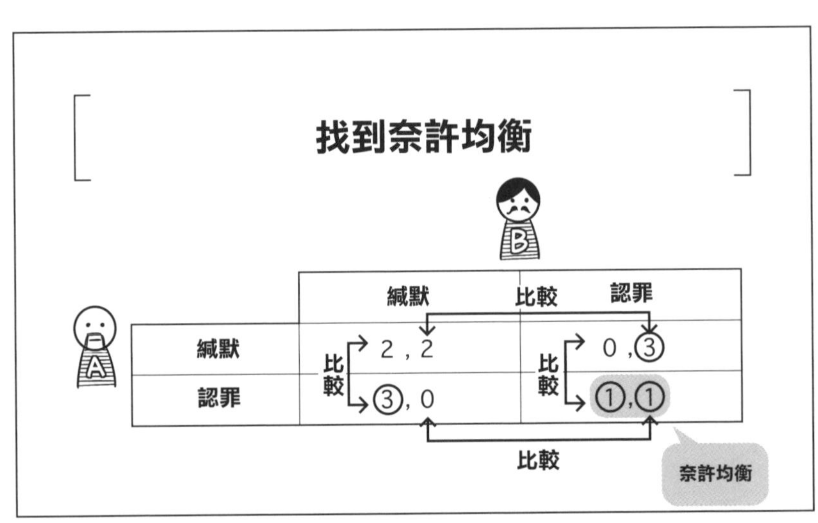

能算是穩定的狀態。

玩家們不想改變的穩定狀態，除了奈許均衡以外，別無其他。從這個理由，研究者們認為，**奈許均衡是賽局結果中最有利的選項**。以「囚犯困境」來看，研究者多將預測兩個囚犯應該「都會認罪」吧。

⇩ 練習問題 寫出猜拳的利得表

以日本人最熟悉的猜拳，試著將A和B猜拳的狀況，用利得表來表示。寫出利得表後，找到奈許均衡。解答將於78頁揭曉。

猜拳的利得表（例）

		B 石頭	B 剪刀	B 布
A	石頭	A，B 0，0	A，B 1，−1	A，B −1，1
A	剪刀	A，B −1，1	A，B 0，0	A，B 1，−1
A	布	A，B 1，−1	A，B −1，1	A，B 0，0

※此表中，贏為1分，輸為-1分，平手為0分，以不同的數字表示，若大小不變就無妨。

03 從囚犯困境看出賽局的本質

⇩ 為何囚犯困境重要？

在各種賽局當中，「囚犯困境」是最有名，也是最具代表性的賽局。這是為什麼呢？

因為**「囚犯困境」的狀況時常發生在我們的現實生活中，是問題的最典型構造**。

如果兩個囚犯都只考慮自己的利益，「認罪」是比較好的選擇，因為認罪的話，自己的刑期就會縮短。

但另一方面，同伴的刑期也會因自己的認罪而延長。換句話說，**「囚犯困境」是犧牲他人使自己得利的構造**。

囚犯們如果都**只考慮自己的利益來行動，結果就會變成「兩人都認罪」**（奈許均衡）。但是，兩人都認罪，就各要關上一年，而兩人都緘默的話，卻只要關一個月。

換句話說，「**都認罪**」的策略很明顯地對兩人來說不會有好結果。

由於個人的利益和全體（他人）的利益對立，若各個玩家只追求自身的利益，就會陷入全體都不樂見的狀態——這就是囚犯困境賽局的本質構造。

以同樣的構造所引起的問題，在我們的周遭經常發生。以下僅以三例作為參考。

⇩ 降價競爭

故事中出現的「降價競爭」和囚犯困境有著相同的構造，很典型的例子。

如王將飯店所為，調降價格就可以搶得對手的顧客，自己的利益雖然增加了，但對手卻要蒙受損失。之後對手也採取更低的降價策略，這次就換自己損失了——這就是降價競爭的構造。降價競爭的**利得表**如下頁所示。**奈許均衡為「兩者都降價」**。故事中銀次郎知道王將飯店要降價，也打算用降價策略，這在賽局構造上是很容易被選擇的策略。

但是，**降價競爭一直持續下去的話，雙方的利益都會遭受損失**。在得不到充分利益的情況下，商品和服務的品質也會跟著下降，甚至損害到品牌形象，**最壞的結果可能導致「一起倒閉」**。

⇩有限資源的爭奪

有關鰻魚和鮪魚濫捕之類的資源問題，其實也是和囚犯困境相同構造的問題。

將捕撈鰻魚的業者視為玩家，策略是漁獲量的「少」和「多」。若只考慮自己的利益，選擇「多」較能得利。但眾多玩家都因一己之私而選擇

降價競爭的構造

		王將飯店 不降價	王將飯店 降價
桂馬屋	不降價	2，6	0，⑧
桂馬屋	降價	③，2	①，④

奈許均衡

增加漁獲量，造成海洋資源枯竭，將來可能就無法再捕撈，最後陷入自己掐自己脖子的困境。

⇩ 地球暖化問題

接著是規模非常大的地球暖化問題，也是和囚犯困境相同構造的問題。

若只考慮自己的利益，恣意使用石化燃料（石油、煤炭、天然氣）的生活，方便又舒適。但是，這樣的生活一直持續的結果，地球因溫室效應的廢氣排放量增加而暖化，在不久的將來，全世界都將因此承受莫大的損害。遺憾的是，地球暖化問題在現階段還找不出任何方法可以脫離這個困境。

⇩ 找尋身邊的「困境」

以上所介紹的三個問題，和「囚犯困境」相比，無論是玩家人數或策略都不同。

但是因個人利益和全體利益的對立而引發問題，（陷入全體所不樂見的狀態）這一點卻是共通的。

這樣的問題、困境，除了本書所介紹的例子以外，在我們的社會中隨處可見。這正是「囚犯困境」在賽局理論中最有名，且最重要的理由。

大家的周遭應該也有許多這種構造所引起的問題，不妨試著複習先前的論述，思考看看。

Work 1

在我們生活的周遭尋找看看與囚犯困境有著相同構造的問題。

應付囚犯困境的方法

04

⇩「囚犯困境」的有效因應方法

我們已經知道「囚犯困境」是存在於社會上、隨處可見的問題。每一種問題都有各種因應方法，讀者們或許也有各自獨到的處理經驗。在常見的因應方法中有些很有效，也有不太管用的。

現在，讓我們一起來思考看看「囚犯困境」的因應之道。

⇩光是善意勸告並不順利

「囚犯困境」的因應之道最常見的，是善意勸告不要只想到自己的利益。

「請幫忙。」

「請勿浪費電力。」

有些問題的確因為這樣的勸告而獲得解決，但現實中，利己主義的行為沒有改善，反而演變成「老實人是傻瓜」的狀況並不少見。

要以善意勸告改善利己行為，必須有幾個條件。

⇩營造能夠觀察彼此行動的長期相互依賴關係

所謂的條件，有以下兩項。

①「囚犯困境」的狀況在同一群人之間反覆發生。

②能夠仔細觀察彼此的行動。

符合這兩個條件的例子，就可以運用善意勸告，來制止利己行為，並可維持合作關係。

①所謂「囚犯困境」的狀況，是指**雙方合作獲得龐大利益**。當雙方藉著合作，

彼此獲得利益時，**中斷合作關係就是對利己行為的處罰**，或許可以防止有人為一時的利益做出背叛群體的行為。

在區域性社會或職場中，即使沒有如後述的結構，合作關係仍然得以維持，不過關係維持良好的區域性社會或職場，應該是因為符合上述兩項條件的緣故。

但是，如果做出利己行為的人，自己中斷關係逃開時（例：恣意妄為的人就乾脆離開職場），或是因觀察不到對方的行為，而無法預防暗地的背叛（例：無法監看夜班勞工的行動），善意的勸告還是不能發揮功效。

再說，一旦合作關係被破壞，便難以修復，更無法脫離困境狀態。

光是善意勸告也不順利時，應該要改變規則，採取從根本改變「囚犯困境」構造的對策。

⇩改變「規則」

原本，**之所以陷入「困境」，就是因為個人利益和全體利益對立的關係**。為了從根本解決問題，就必須改變這個構造。

改變構造的方法之一，就是**處罰傷害全體利益的利己行為**。

例如，為防止鰻魚的濫捕，漁業者平均分配漁獲量，違反者處以罰款之類的規則。而地球暖化問題的對策，可以課徵環境稅（或碳稅）也是有同樣的效果。每個人受到溫室效應廢氣排放的影響雖是微乎其微，但地

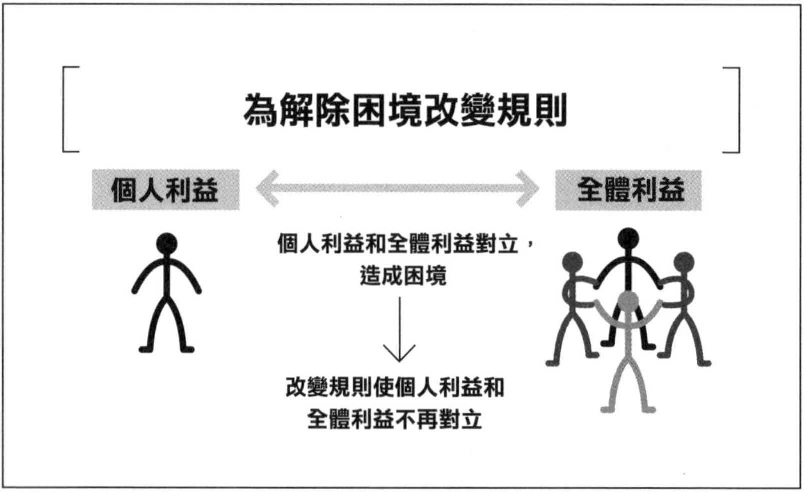

為解除困境改變規則

個人利益 ⟷ 全體利益

個人利益和全體利益對立，
造成困境

↓

改變規則使個人利益和
全體利益不再對立

球暖化危害的卻是社會全體的利益。課徵環境稅或碳稅的目的，是要求消費者負擔社會費用，利用這種制度**使個人利益和全體利益達成一致**。

在故事當中，主角提出的對策是，為維持溫泉旅館的住宿服務品質，制定自主性的規則，若有破壞規則的情形，就處以罰則。這也算是讓個人利益與全體利益一致、改變賽局構造的有效方法。

Work 2

從 Work 1 找到的問題，思考看看有什麼因應之道來解決。

練習問題的解答

為找出奈許均衡，以〇號標示。將Ａ和Ｂ各自的最佳策略圈出來，製成以下的表格。

結論是，「猜拳」沒有奈許均衡。也就是說，猜拳的結果如何（Ａ、Ｂ比較容易出什麼拳、哪邊會贏）完全無法預測。

B

A \ B	石頭	剪刀	布
石頭	A B 0 , 0	A B (1), −1	A B −1 , (1)
剪刀	A B −1 , (1)	A B 0 , 0	A B (1), −1
布	A B (1), −1	A B −1 , (1)	A B 0 , 0

要是讓外國客人覺得不方便，惡評會傳遍全世界……！
一口氣都拖下水
「穩定就不想改變」的性質啊！
不過如果不強迫改變，可能就落伍了。

Part 2

協調賽局
——社會運作的構造

Story 2 想改變卻變不了的理由

桂馬屋

呃…

Thank you. Have a nice trip!

喀喳

呼——好緊張！
最近常常有國外打來洽詢的電話呢！
阿銀，幫幫我！

幫我翻譯一下這封英文郵件好嗎？
哦！你們那邊也有？
難道是，那個的關係……
什麼那個？
歐美的相片分享網站上，步成町的照片好像滿受歡迎的。

你看！
不知道是誰一直上傳，
紅葉山谷啦，舊礦坑啦。
原來如此，外國也有人喜歡這種的啊……
我們的網頁，也來做做英文版的好了。
什麼！拜託也幫我們做！
呃！
你英文系畢業的吧？你也幫幫我們啊！
銀次郎幫幫忙！
銀次郎！銀次郎！
等……等一下！

照這樣下去，萬一真的有客人來了，
要怎麼辦！誰要負責介紹？
那就拜託銀次郎啊！
不不，我也有自己的工作耶！
觀光區的說明板也沒有英文！
鎮上的店家也沒有人會講英文！
要是讓外國客人覺得不方便，惡評會傳遍全世界…！
一口氣都拖下水
嗯嗯…這就叫「協調賽局」！
協調賽局？

英文是「Coordination」，協調、調整的意思。
就是指大家協調採取相同的行動，一起獲得利益的狀況。
應該協調的行動不是一個。
而且有時候可能會協調出多數人所不樂見的行動。
不過，當你們發現了那是大家都不樂見的狀態，
就會一同為了脫離不好的狀態，而同心協力。

真的嗎！

不好的狀態

同心協力！！

…這是哪位？
賴在我們家的…
沒禮貌！人家有付錢好嗎！
你說的協調賽局，是什麼？
還隨便跑進辦公室來。
這種時候，「大家腳步一致」是最重要的喔！

只有一部分的人可以進行英語應對，是很難持續吸引外國觀光客的。
即使現在有人來洽詢，也只是一時而已喔！
日文
好玩嗎？
完全不懂

但是，如果整個鎮都加強英語應對的能力，就可以提升外國觀光客的滿意度，評價也會更高。
啊…現狀就是不樂見的狀態，所以大家應該一起行動嗎？
English
好玩嗎？
還有這樣的歷史…
但是全鎮都要學會英語會話應對…很難耶！
就是這樣！

的確很難！
無論是創辦新的事業，或是引進新的系統時，都會發生大大小小的協調賽局狀態。
大家一起

例如：電動汽車或油電車，比過去的汽車更環保這大家都很清楚吧？
但是不普遍的原因是——只有一部分人在使用的關係。
城裡專用的充電站又少，大家會因此感到不安。

如果大家一起換購電動汽車或油電車，再增設專用充電站，就不會有使用上不方便的問題了。
這就是協調賽局的構造。
嗯…聽起來像是先有雞還是先有蛋的問題。

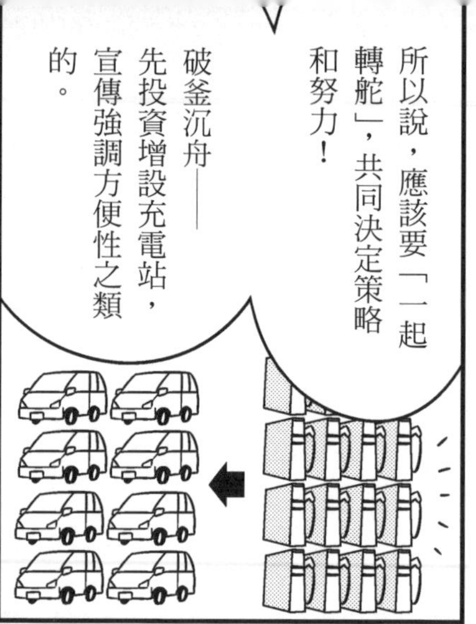
所以說，應該要「一起轉舵」，共同決定策略和努力！
破釜沉舟——先投資增設充電站，宣傳強調方便性之類的。

強力推廣換購電動汽車和油電車嗎？
沒錯！
補助金
etc.

也就是說，步成町全鎮要不要針對外國觀光客發展，現在是必須做出決定的時候了吧？
Welcome!!!!
or not

如果要發揮最大效果，把眼光放遠就要這麼做。
嗯…

可是…我們不知道還有沒有未來，一切都是未知數…
先重新規劃好住宿服務，再考慮這個也不遲…

人都是被習慣牽著走的喔！
我來說說協調賽局的性質吧。
性質？

「穩定就不想改變」的性質啊！
不過如果不強迫改變，可能就落伍了。

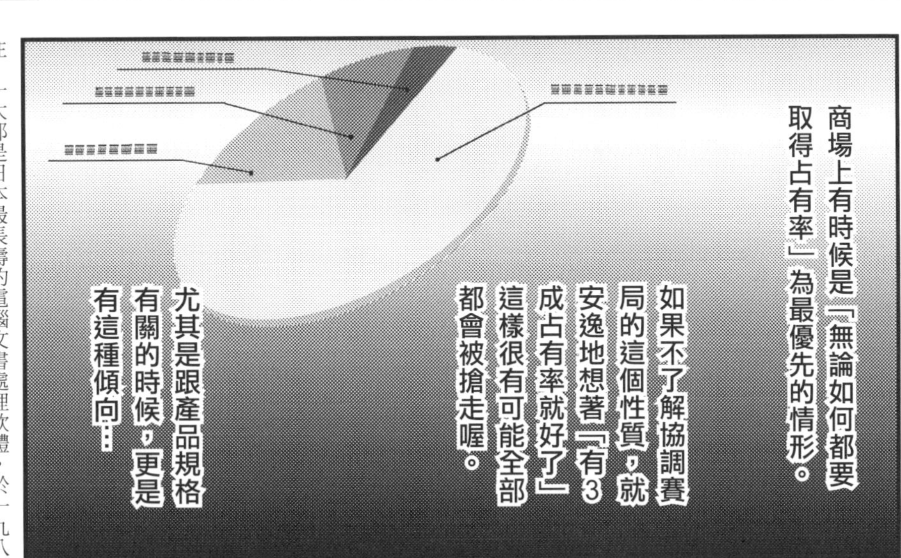

商場上有時候是「無論如何都要取得占有率」為最優先的情形。
如果不了解協調賽局的這個性質，就安逸地想著『有3成占有率就好了』這樣很有可能全部都會被搶走喔。
尤其是跟產品規格有關的時候，更是有這種傾向⋯⋯

例如，電腦的文字處理軟體「一太郎」和「Word」曾經競爭非常激烈，
現在只剩下Word，幾乎沒有人在使用一太郎了，對不對？
你知道為什麼會變成這樣的嗎？
這很簡單啊。

注：一太郎是日本最長壽的電腦文書處理軟體，於一九八五年首次上市。

和別人交換檔案的時候，不能相容就很麻煩。所以大家都會買銷售比較好的那款軟體…

兩種都買的人比較少，當然就會只剩下一種了。

大餅搶得慢，這種結果也很有可能啊。

明明知道自己家的品質絕對比較好…

總之，就是「慢了一步」呀。

觀光區應該沒有這麼極端吧…

是吧。

不過，還是有可能發生類似的結果喔！

外國人喜歡的觀光區，有時候還滿出乎日本人意料之外的。

因為某個不經意的契機，而大受歡迎。之後外國觀光客便絡繹不絕。

我們通常不太會去想，「找找其他有趣的賣點」這或許也是一種協調喔！

本來可能會變成新的標準，
例如，看到其他觀光區開始實施外語應對，
你隨後才要宣傳，就太遲了。
呃，這的確很難挽回頹勢呢…
Welcome!!!
…。
嗯…先不管占有率什麼的，外國人大老遠來我們這兒，
我倒是願意好好招待一番呢！
都大老遠來了嘛…
懂得分辨可以改變和不能變的習慣，雖然很重要，
估計會是個很大的計畫。
一股熱氣……
小鎮內有幾成的人願意合作，是判斷的關鍵。
銀次郎！我願意合作！
現在這樣只靠國內旅客，也是互爭小餅而已！
就是搶，也要搶塊大餅啊！

這不是能不能！是必須要做！
真不愧是王將老闆！說到賺錢，氣勢就不一樣了呢…
…還是王將老闆說得對啊。
我們可以挑戰看看！
是啊！
大家注意！
如果決定好了，我～可以免費教你們英語喔！
如果鎮上有空屋，可以便宜租給我的話♥
蛤!?
喔喔喔！那我們就更有信心了！
我馬上幫你找住處！
你還打算繼續賴在鎮上嗎？
有什麼問題嗎？

不過，還真是學到好事呢！協調嘛…
這樣的話，我們要想一些外國人吃的餐點，還有裝潢也要改成西式。
那倒不必吧。對方就是來感受日本的啊！
不只是日本，還有步成町的原貌，也應該呈現出來吧！

這裡是煤礦區，可以把外牆改漆成黑白色調。
你這點子不錯耶！我們也和觀光協會商量一下，整個鎮都來協調一下！
……

協調
協調
好像又聊出興致來了…
這樣不是很好嗎？

我以為小鎮會一直沒落下去，想不到還能有所為。

協調是可以刻意製造出來的嗎？
其實時尚界已經這麼做了喔！
有一個世界級的組織，事先決定好流行色。
這樣就可以避免「消費者穿到與去年同樣的顏色」。
這就是巧妙利用賽局構造的例子。

就像流行色沒有必然性，文化和習慣也有很多地方沒有必然性。

在團體中，在彼此協調之下，比較容易達成共識，很快形成文化或習慣。其實這是偶然的結果，有時候也可能產生與最佳選擇相去甚遠的惡習。

【因協調結果所形成的習慣】

- 大家都採取相同的行為模式，步伐一致比較好。
  →協調結果的相同行為模式變成共同習慣。
- 但是，並不表示這個習慣是最佳的。
  （曾經是最佳的習慣也可能變成落伍的文化或陋習。）

壞習慣一旦穩定下來，不管再怎麼孤軍奮鬥，也無法輕易改變。

即使嘗試從一部分進行改變，賽局的構造也不允許。

明明這樣做比較好…

所以，要改善問題，必須先學會質疑「習慣」。

長期待在熟悉的組織裡，即使有不好的習慣，也不太會發現。

因此，必須多去其他組織或國外看看，才會知道「自以為是的常識，其實是別人的非常識」。

不過協調成功以後，就可以不用再去管它。
不必像囚犯困境那樣，更改規則。因為它會生根變成習慣。
嗯…

唉…也不知道能不能順利。
還是不要太期待吧！

當晚——

媽，你在做什麼？
咦——？我在調整兼差人員的排班。

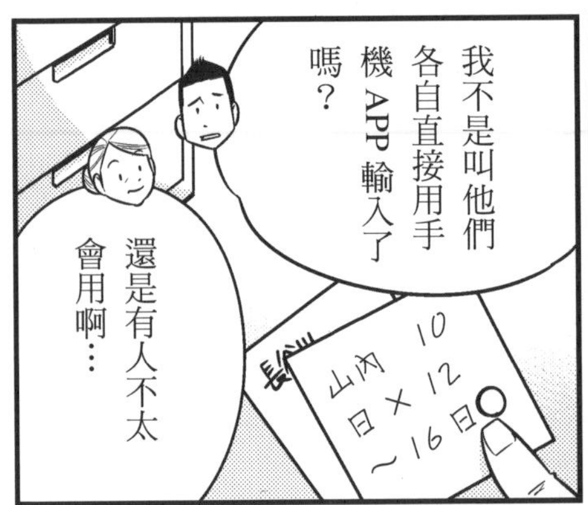
我不是叫他們各自直接用手機APP輸入了嗎？
還是有人不太會用啊…
山内 10日×12日～16日

什麼？使用方法看一下就會懂了吧…
我好不容易才找到免費又好用的耶！
大家不使用的話就沒意義了…
咦？這也是協調賽局呢！
協…什麼？

呃⋯
因為必須要大家
一起改變才行。
我先排個時間來
教大家好了。

嗯，對耶！
這樣也好。
好，那就
交給我吧。

伸展
協調賽局⋯

香子的!!!
英語教室
好——
我要加油囉！

當晚
協調
銀次郎夢見
整個鎮都被
香子占領。

⇩「協調賽局」和「囚犯困境」的不同

故事中登場的「協調賽局」，也是日常生活中隨處可見的典型問題結構。

社會上常有**大家腳步一致比較好（協調一下比較好）**的狀況。因為腳步不一致，而出現問題的例子不在少數。

不過，關於該用什麼策略讓腳步一致，是有幾個基本選項可以參考的。以賽局來分析這種狀況，就叫做協調賽局。

為明白舉出和「囚犯困境」的不同之處，我們以兩個協調賽局的例子來思考其中結構。

⇩ **協調賽局案例1：右側通行，還是左側通行？**

大家應該都有過這種經驗，當你想要讓路給前方迎面而來的人時，對方也同時改變方向，結果兩個人就撞上了。

兩個人（假設是A和B）迎面交錯時，A往左靠，B也往左靠，就可以安然擦身而過。兩人都同時往右靠，也會是一樣的結果。但是當A往右靠，B卻往左靠時，就會相撞。

這種情況用利得表來表示的話，就如第98頁的圖表。**現在有A、B兩個玩家，雙方各自有「往左」或「往右」兩個選項，就可以製成「2×2＝4種可能」的表格。**

沒有相撞順利通過的，利得就高。

我們來從利得表找找奈許均衡。

固定對方的策略，選定最佳策略（圈起來），就會發現**（左、左）**和**（右、右）**這兩個是「**奈許均衡**」。

換句話說，可以任選「兩人都靠左」或「兩人都靠右」，但**實際上哪邊會被選上，光看利得表並無法得知**。

這裡雖是以A和B兩個人為例子來思考，但即使玩家人數增加，「腳步一致會比較好」的道理是一樣的。玩家人數越多，若無法一致認定「右側通行」或「左側通行」，衝撞的情形就會頻繁發生。

人和人相撞雖不至於釀成大禍，但汽車相撞的話，可就人命關天了。因此，許多國家制定了駕駛汽車時的交通規則，要求人民腳步一致。

在日本是「左側通行」，美國則是

右側通行，還是左側通行？

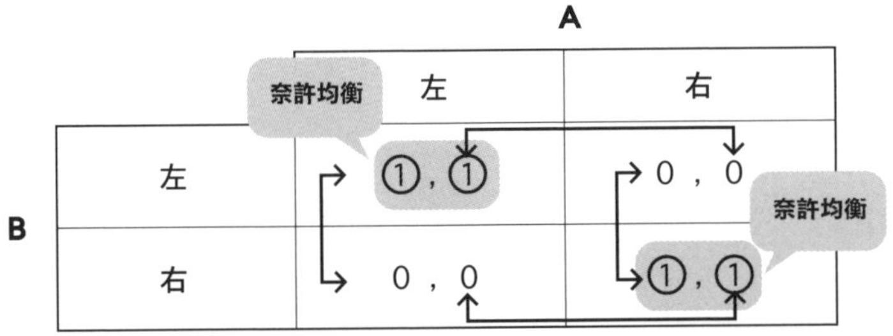

B ＼ A	左	右
左	①，① *(奈許均衡)*	0，0
右	0，0	①，① *(奈許均衡)*

「右側通行」，兩邊都是奈許均衡，所以這樣的差別並不奇怪。

然而，如果要深究為求腳步一致，是否一定需要規則，那也不是絕對。

例如，在東京搭手扶梯，經常看到不走動的人會靠左站，讓出右側以利通行（不過為安全考量，相關單位還是會勸說不要在手扶梯上行走）。

事實上，並沒有這樣的規定。也就是說，雖然沒有明文規定，但大家行為相同時比較方便，所以就一致「靠左站」了。

還有，說到有關手扶梯的這個習慣，同樣是在日本，在大阪卻是「靠右站」，而國外的紐約、倫敦、巴黎、莫斯科等主要都市也多習慣「靠右站」。由此可見，**複數以上的均衡，隨便選哪個都不奇怪**。

⇩協調賽局案例2：軟體的選擇

接著，我們來思考一下以下的案例。

有兩位資料往來頻繁的創作者（太郎和花子），要從兩種軟體（C和D）中擇一作業。軟體C比D的CP值[注]要高，但是C和D並不相容，因此如果太郎和花子各自選用不同的軟體作業，就無法互換資料。

這樣的狀況，太郎和花子會使用哪一種軟體呢？

各種狀況的利得表如圖所示。

太郎和花子兩個玩家，各有軟體C和D兩個選項，結果就有「2×2＝4種」的可能。

雖然和「右側通行還是左側通行」的圖表很相似，但這和雙方腳步一致時的利得卻不盡相同。軟體C比D的CP值高，因此**選擇C的利得比較大**。

和案例1一樣，由利得表可看出**（C、C）與（D、D）兩種狀態皆是奈許均衡**。

如果只以奈許均衡為判斷基準的話，這時還是不知道該選哪一邊。

你可能認為「這個狀況下，兩人不可能選擇（D、D）」，但這並非絕對。或許因為「某一方已經先買了D」、「兩個人都在C上市之前，就已習慣使用D」等理由，雖然雙方都選擇用C會比較有利，卻還是繼續使用優點少的D。我們仍可以合理判斷，這樣的情況也可能會發生。

注：CP值（Cost-Performance ratio），一項產品根據價格所能提供的性能表現，CP值越高，表示產品越值得擁有。

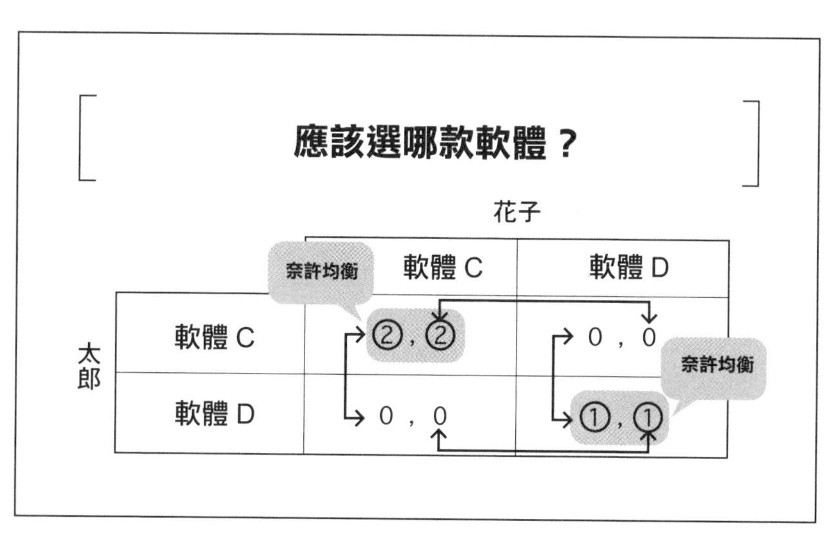

這種例子（當事人多半未察覺）在日常的商業活動中經常發生。

明明從客觀的角度來看，很明顯這不是合理的選擇，卻因為已經達到奈許均衡的穩定狀態，而難以擺脫。

壞習慣一但穩定下來，不管再怎麼孤軍奮鬥，也無法輕易改變。
即使嘗試從一部分進行改變，賽局的構造也不允許。

明明這樣做比較好……

協調賽局會發生的兩個問題

02

⇩ 典型的問題1　腳步不一致

協調賽局中可能發生最糟的情況就是，**腳步不一致而造成各種的不便**。

以下是很明顯的例子。

日本的道路交通法規定：自行車和汽車必須同樣靠左行駛。但實際上很多自行車騎士並不遵守此項規定。這樣靠右行駛的自行車和靠左行駛的汽車就可能發生衝突事故。

還有，日本國內規定汽車靠左行駛，但先前也介紹過國外多是靠右行駛。不習慣這個差異的旅行者容易發生事故，是眾所皆知的事實。還有，製造汽車的企業也必須配合輸出國家，變更方向盤位置……等諸多不便。本來國際之間腳步若能一致，彼此都方便省事。

我再舉其他例子。

由於各國電源插座的形式和電壓不同，而對旅人造成困擾。還有，貨幣和語言的差異若能消彌也會方便許多。一項一項思考之後，如果所有國家都能腳步一致，使用共通貨幣，以共通語言溝通，就萬事都好辦了。

⇩問題1的因應之道　該如何使大家腳步一致？

那麼，我們該如何解決這種問題呢？

方法之一就是——**積極促成腳步一致**。

例如，只要在車站的階梯標示「上」「下」，照著標識行走的人就會隨之增加。和囚犯困境不同，**協調賽局沒有處罰的規定，只要加以呼籲或宣導就可以解決問題**。

另外，也有必須加強宣導腳步一致的情形。

例如，商品的國際規格等，就是典型的例子。就像電源插座各國規格不一，汽車或家電商品的規格，如果都沒人加以管理限制，每個國家各自為政，無論是對消費者也好，或是出口商品甚至全世界各地的企業組織，都是不樂見的情形。（因為這表示必須有各種生產線配合不同的規格）。

因此，現在有人正積極推動統一國際性的商品規格。例如，最近開始積極製造的電動汽車充電插座。

故事中，香子提到時尚界的流行色協調，也是讓眾人腳步一致的相似例子。

⇩典型問題2　眾人所不樂見的方向卻達成一致

協調賽局可能發生的第二個問題就是，**眾人所不樂見的奈許均衡穩定下來**。先前介紹軟體的選擇，兩人都使用品質較差的軟體就是這種狀態。

玩家有兩人，要同時更換CP值較高的軟體，或許不是那麼困難。但是當玩家人數眾多時，要脫離不好的均衡可就不是件容易的事了。

電腦鍵盤就是有名的例子。

電腦鍵盤上的英文字母排列從左上依序是QWERTY……你記得起來嗎？說不定

有不少人都曾經有「好難打啊」的使用心得。

根據某項調查，其實另有初學者較好輸入的排列方式。但是新式排列的鍵盤幾次推廣都宣告失敗。

我們平常不以為意的「習慣」，是因為和大家腳步一致，比較便利省事而自然形成的。但是，**這些不見得都是好習慣，或者過去的好習慣隨著時代變遷，變成了壞習慣。又可能雖然知道有更好的習慣，但是遲遲無法擺脫壞習慣。**

故事中步成町的溫泉旅館面臨英語應對問題，也是同樣的情形。當所有人一起進行改變，狀況就會改善。但若是只有少部分人參與，便無法順利進行，這在我們的工作或日常生活中也可能發生相似的情境。

⇩問題2的因應之道　如何變成更好的狀態？

明明有更好的狀態可以選擇，卻偏偏是大家所不樂見的狀態安定下來，這一點和「囚犯困境」很相似。但是，協調賽局和「囚犯困境」最關鍵的不同是，更好的狀態也是奈許均衡，**若能使它安定下來，不必改變賽局構造，也可以維持比較好的狀態**。

從不樂見的狀態轉移到比較好的狀態只需要一個條件——**所有人一起改變行動**。

例如，當開始要改變組織的壞習慣、或是要更新公司內部的系統時，每次少量的改變是行不通的。因為腳步混亂的話，就會發生「問題1」的不便，結果就被拉回原來大家所不樂見的狀態。**雖說大家並不樂見，但因為是奈許均衡，因此要改變這個狀態就必須要有一定的力量**。

要達成許多人的行動一起改變，適度的軟硬兼施，對促成行動改變也很有效。例如，在導入涼裝穿著與暖裝穿著時，剛開始的一個月，上班時穿著符合新方針的話，就可以獲得點數，再規劃集點數換獎品的機制，大家就會覺得像是玩遊戲，願意配合新方針。多數人養成新習慣後，就可以不需要獎品了。

⇩區別「可以改變的事物」和「無法改變的事物」

如同電腦鍵盤的例子，很多時候即使人們知道有更好的選擇，卻依然難以改變現狀。

一般來說，**牽涉到相關人數眾多的問題，或是像「電腦鍵盤」這種需要時間去習慣、適應的行動，改變需要非常強大的力量**。事實上，電腦鍵盤或電源插座的形狀等，這些一旦已經普及的產品規格，要改變真的是非常困難。

這意味著「協調賽局」的問題2，**其實並非全都有辦法解決**。

換句話說，分辨我們自己可以想辦法解決的問題和沒辦法解決的問題相當重要。無法改變的就乾脆放棄，我們應該要專注在能夠改變的事物才對。

Work 3

1. 找出身邊符合問題1和問題2的例子。
2. 思考問題2的例子是否自己能有所為。
3. 西元二千年時，日本曾經發行二千圓紙鈔，但現在幾乎沒有人使用。二千圓紙鈔為什麼不能普及？是否有政策可以有效推廣？站在國家的立場思考看看。

⇩靈活應用「協調賽局」

在商界有所謂的雙贏關係。

所謂雙贏，就是交易雙方都得利的狀態。

雙贏關係和協調賽局之間的關係，其實相當密切。

換言之，當兩者都參與其中，狀態才會好轉，否則雙方都得不到好處。若無法達成，就會陷入先前所說問題2的狀態。

例如，我們即使知道雙方都可得利，但與新對象建立新關係還是需要動力。因為必須互相配合腳步，一起改變行動。

還有，建立雙贏關係的可能性其實很多，只是我們沒注意到。

如果我們陷入問題2的狀態，卻沒有察覺這一點，可能就錯失大好良機。

關於這個問題，我們會在 Part 5再回顧。

Work 4

試著找出周遭對你或你的公司有利的雙贏關係。

Part 3

動態賽局
——拓展時間性的視野

隆隆隆
Thank you....非常感謝您的惠顧！
現在好，就是好嗎？
Story 3

呼…
哈囉☆銀次郎～情況如何？

啊——香子小姐
轉頭

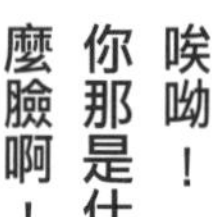
唉呦！你那是什麼臉啊！

呃…最近，突然忙起來，臉都笑僵了。
我實在不太適合接待客人啊…

不過，外國客人真的增加了呢！…不知道是不是造成了話題？國內的客人也開始增加了喔。
多虧香子小姐的幫忙，大家也勉強可以用英文接待了。

是嗎？那真是太好了呀！
快放暑假了，可能需要多點人手吧。
我是想徵一些短期打工的，
寫個徵求度假勝地工讀之類的宣傳，應該會有學生有興趣吧……
看起來好開心
JOB
度假勝地工讀 特輯！！
讓他們好好認識這個嚴峻的社會……
嗯～工讀生啊……
有什麼問題嗎？
我會遵守法律的！
短期的需求，這樣是可以應應急啦……
真的這樣就好了嗎？你要不要考慮趁這時候好好培養人才呢？
什麼？還沒那種閒工夫啦！
總之，先撐過暑假吧……
你眼光真淺耶！
在賽局中，最好是做動態性的考量喔！

我之前說明的賽局，是以「玩家同時行動」為前提。
但是有許多問題，是會隨著時間醞釀的。
一個人行動之後，其他人有所反應…行動的原因和結果，是有時間差的。
行動
B
A
時間
行動
B
A
預—備
沉默
認罪
A
B
以棋奕賽局來說，就像是西洋棋或黑白棋。
我知道…就是有先手後手。
這跟請學生來打工，有什麼關係嗎？
我想說的是，在時間上拓展視野的重要性啦！
那…你要不要先跟我玩個賽局？

這裡有10枚硬幣，我們兩個人輪流拿硬幣，一次可以拿1枚或2枚，拿到第10枚的人就輸了
……這賽局也太簡單了吧！
銀次郎你先
嗯…都說先手必勝了。
2枚
2枚
1枚
1枚
1枚
再一次！1枚
2枚
2枚
2枚
1枚
1枚
2枚
1枚…啊！這是第10枚。我輸了。
1枚，啊！我又輸了!?
再一次!!
再玩幾次也沒用啦。

其實，這個賽局是「後手必勝」的啦！
只要會從剩下的枚數倒算回來，後手就一定會贏。

沒有時間上的視野，是贏不了動態賽局的喔…即便是這麼簡單的規則。

倒算…我還真沒想過呢！

動態賽局中，為了防止看錯，才會用這種「倒算」。

換句話說，從將來逆向回溯來做決定。

這叫做「反向歸納」擅長策略的人都喜歡用這種思考法

尤其在商業界，短期的利益和長期的利益往往都是對立的。

現在

以短淺的眼光行動，可能會後悔喔！

只是，現實情況和簡單的硬幣賽局不一樣。
你還必須正確解讀別人會如何反應。
所以要增廣見聞，不要怕失敗，盡量挑戰，才是最重要的！

「解讀未來」嗎？

的確。雖然工讀生可以便宜打發，但也很快就走了…
在馬上就要辭職的職場，說不定心存「盡量打混摸魚比較划算」。
這樣的話，服務的品質就…

不能讓服務品質低落…話雖如此，我們也沒有餘力多負擔人事費用…
有沒有什麼好方法呢？

命中臉部

對不起！

你要投給媽媽接啊！

真對不起！銀次郎先生。

對不起

啊！是中村太太啊。哪裡，是我在發呆…

…咦！你是勇二？
都長這麼大了呀！
呵呵～今年上小學了呢！
還參加了棒球隊。

哇——好懷念啊…我以前也參加過棒球隊喔！
喜歡打球是很好，不過裝備還真是花錢呢～

我也終於有空閒時間，正想來找個工作…

哦

……這裡是布品管理室，
詳細情形等你來上班以後，我再說明吧。
好的，我會努力！
中村太太能來，真是幫了大忙呢！
我才是感激不盡呢！能在家附近找到工作真是太好了。
怎麼樣？
在地的太太又可以長期在這工作。
嗯～！這樣不是很好嗎？
你為什麼流鼻血？
但是，兼職人員努力也好，打混也好。
如果不好好肯定他們，就和雇用工讀生沒有兩樣喔！
即使一開始很有衝勁，沒有雇主的肯定，到頭來還是打混比較輕鬆吧。
反正也沒有人肯定我乾脆打混
服務怠慢

什麼？這樣也有問題？
不就是，看他願不願意努力嗎？
你知道嗎？
日本人通常有一種傾向，

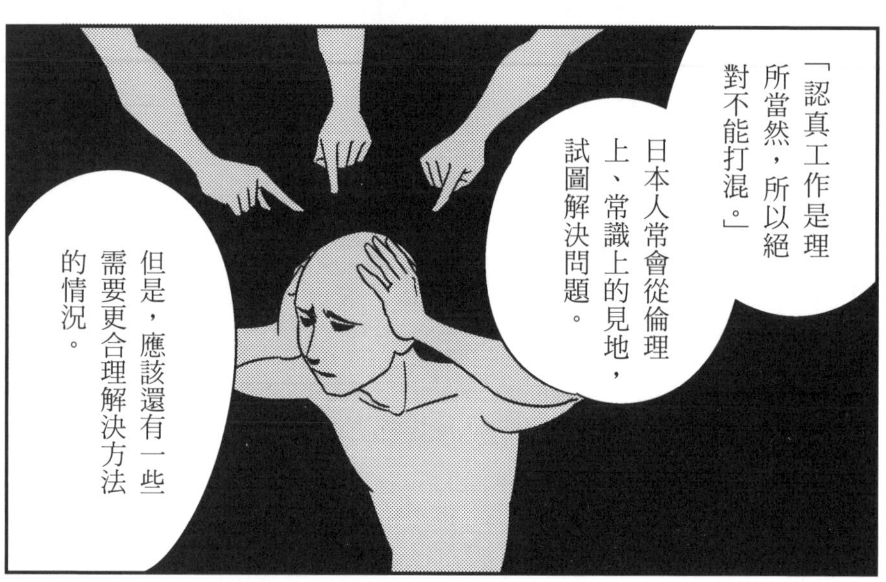
「認真工作是理所當然，所以絕對不能打混。」
日本人常會從倫理上、常識上的見地，試圖解決問題。
但是，應該還有一些需要更合理解決方法的情況。

例如在國外，居民或地方政府，可以出錢提升警力品質。
提供巡邏報酬，以維持警方的動力。

單以倫理觀將責任歸究於個人因素來解決事情，問題會再度發生。
我們應該要關注的是「賽局構造」，而不是「個人」。
檢討引起問題的賽局構造，並且必須排除造成的原因。
那…你的意思是，製造定期評鑑的機會嗎？
這也是激發動力的一種方法。
不過，也有很多評鑑機制無法發揮功能，甚至還有反效果。

時間的經過

① 制定定期的績效評鑑，以維持動力。

② 員工不理會評鑑制度，照常打混。

③ 因不想處罰員工而招致記恨，
不採取麻煩的評鑑作業。

④ 員工知道行為不會反應在評鑑時，
就會更加打混。

⑤ 整體的動力將因此低落。

我們看時間軸，到③的地步即使處罰，也和之前的②沒什麼兩樣吧。

如果你覺得「反正什麼都不會改變…」，就會將「懶得進行評鑑作業」的心態正當化。

這樣的情形持續下去，自然就變成不聽「上司的話，也沒關係」。

哇…對啊對啊。
你注意看看行動，
一開始①的「制定評鑑制度」就是最佳行動，卻被對方的反應牽著走，演變成③了，對不對？

最佳行動
隨著時間經過，最佳行動因而產生變化的情形，稱為「時間矛盾的問題」。
時間白白流走，無法達成目的，是常有的事。

所以，想到長遠的目的，就應該要貫徹最初的決定。
我們的目的是培養人才和提升服務…
呃，我不敢說不會白白浪費…

我該怎麼做才能增強信心呢？
有效的解決方法是立下承諾。
也就是…

步成町集会所
承諾就是——誓約、公約、表明決心。
也就是說，我如果沒有做到三個月一次的員工評鑑，
就從薪水扣五萬元，當作員工旅遊的基金！

我竟然…說出這種話！
哦哦！好堅定的意志！
啪啪～
啪啪～
對…這件事，我也會再向員工發表。
用「製造非遵守約定不可的狀況」，就可以有效解決時間矛盾的問題…
金額應該講少一點才對啊…

原來如此啊⋯我們也跟進吧！
借一步說話⋯
我剛剛聽說，採山菜蕈菇的阿山受傷了呀！
「山珍宴席」要開天窗了⋯有沒有其他可以買到山菜蕈菇的門路？
阿山
什麼？阿山受傷了？

「山珍宴席」是以本地的山珍野味為賣點，完全沒用到肉的餐點對吧？
很受吃素的客人歡迎呢⋯得想想辦法才行。
是啊，我來拜託其他配合廠商先應應急。

等⋯等一下！
像阿山現採的那種優質山菜和蕈菇，馬上就能調度得到嗎？
嗯，是沒有那麼優質啦⋯不過，臨時急著要用，也只能將就一下啊。

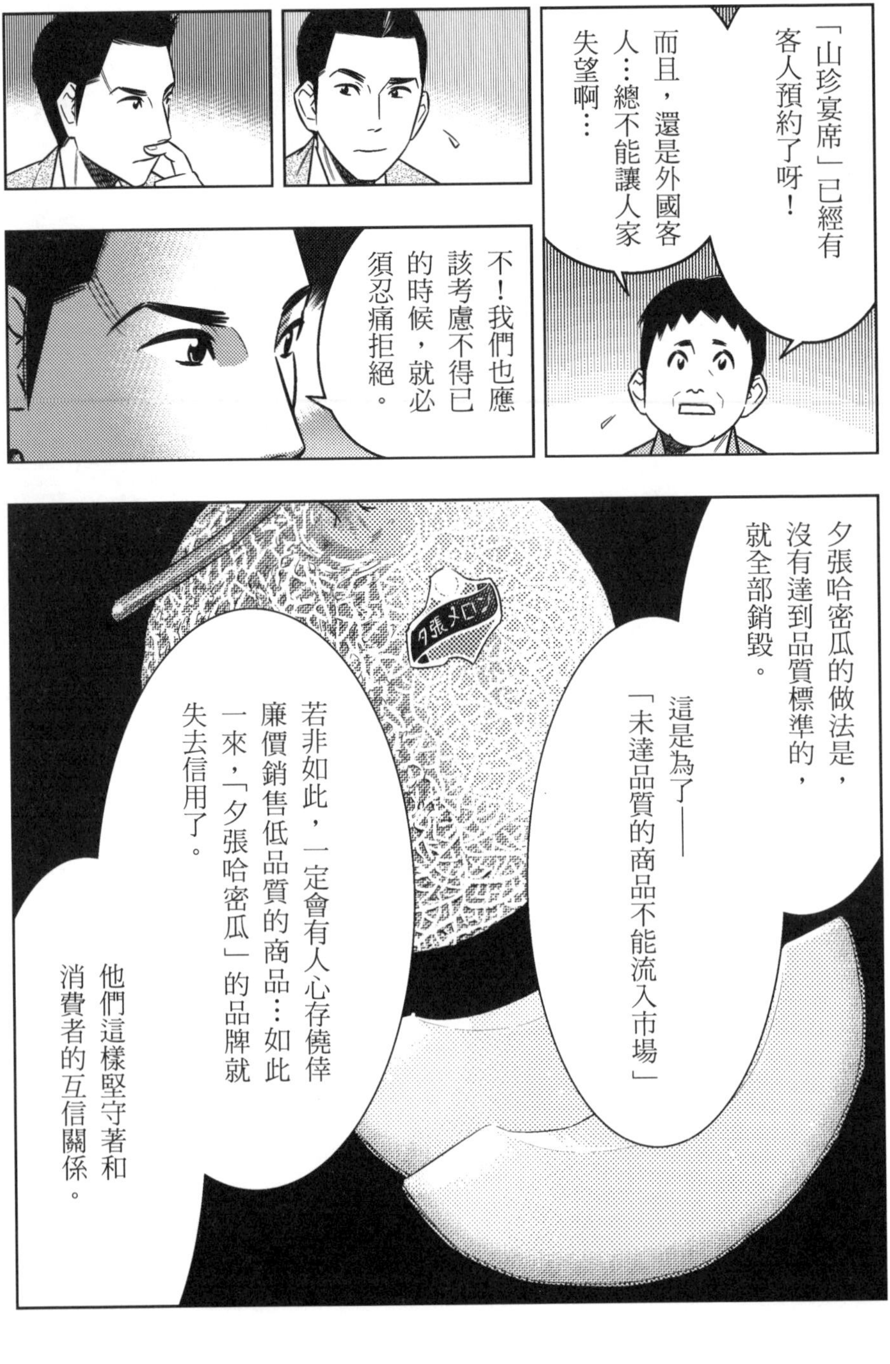

「山珍宴席」已經有客人預約了呀！
而且，還是外國客人…總不能讓人家失望啊…

不！我們也應該考慮不得已的時候，就必須忍痛拒絕。

夕張哈密瓜的做法是，沒有達到品質標準的，就全部銷毀。

這是為了——「未達品質的商品不能流入市場」

若非如此，一定會有人心存僥倖廉價銷售低品質的商品…如此一來，「夕張哈密瓜」的品牌就失去信用了。

他們這樣堅守著和消費者的互信關係。

承諾，是絕對必須遵守的！
打著本地蕈菇的招牌，卻提供外地的蕈菇，這才真的令人失望，不是嗎？這是虛報產地耶！
喂喂——你想太多了啦！
又不是要一直矇下去。
只是這次而已啊！
要是盡考慮利益，完全不顧客人的滿意度，
不就是走回以前的老路子了嗎！
這是不得已的呀！

這是時代的潮流啦！

故障中

反正我們是廉價旅館，客人也不會太期待啊…

好不容易，才要開始改變…我想要滿足客人的期待。

老闆，打擾一下。
吱

怎麼回事？大家正在開會嗎？
師傅，你來得正好。

事情是這樣的…

我倒是有個
點子喔！

討論過旅館廚師
的替代方案，
看來應該可
以達到品質
標準，便交
代下去。

老闆雖然有點不安，
向客人說明緣由後，
告知餐點有所變更。
所幸，獲得客人
的理解，客人也
願意接受新的菜
單。

幾天後——

確實是今天啊！那位客人⋯

桂馬屋

你很在意？

那當然，我也有點覺得是我太執意。

師傅的手藝，肯定是沒話說啦⋯

我覺得自己好像沒事找事。

但是，他們最大的訴求就是本地的食材。
這樣不是就遵守約定了嗎？
維護品牌，真是不簡單啊！

是不是真有必要這樣堅持呢？
我其實沒什麼原則啊⋯
我就說啊，
為了達到目的，有些事情一定要貫徹到底嘛！
虧你還在公會講得振振有詞．

這是本地蔬菜的雕花御膳——

Beautiful！

⇩「原因」和「結果」有時間差

從 Part 1 的「囚犯困境」和 Part 2 的「協調賽局」，我們學到如何拓展空間上的視野，並以客觀的視角來俯瞰問題的重要性。開始拓展視野，有了客觀的視角，才能理解問題本質上的原因。接下來，我們再來看有關**拓展時間性視野的討論**。

生活中，我們面臨的許多問題，都會隨時間擴大。

你是否曾經有「為什麼當時不多努力一點」的懊悔？我們常常不知不覺就忘記教訓，但**現在的行動卻會持續影響事情未來的結果與發展**。

⇩若改變你「現在的行動」，對方「未來的行動」也會改變

我們再多思考一下這種關係。因為現在你改變了行動，其他人也響應改變，結果

就改變了將來的狀況，這樣的例子屢屢可見。你也可能曾經推動一些計畫，以為「這樣應該就能解決問題」，結果卻又引發新的問題。像這樣，沒有想到自己的一舉一動可能也會影響別人的行動，而產生了意料之外的反應，就無法獲得原先所期待的結果。

例如以下的例子。

- 競爭對手企業為爭奪顧客而降價，另一方也以降價還擊，結果沒搶到客戶，卻因為降價，利益也減少了。
- 政府為保護低所得者，調升最低薪資，結果造成企業將生產據點轉移到薪資廉價的國外，低所得者的工作就更少了。
- 同儕間為強化團隊而相互競爭，卻使團隊合作窒礙難行，拖累全體的生產力。

我們的行動（原因）和結果之間，存在著這樣的時間差。若沒有長遠的眼光，事先預想到行動可能會引起什麼樣的結果，就可能會因此陷入不受期待或意料之外的狀況。

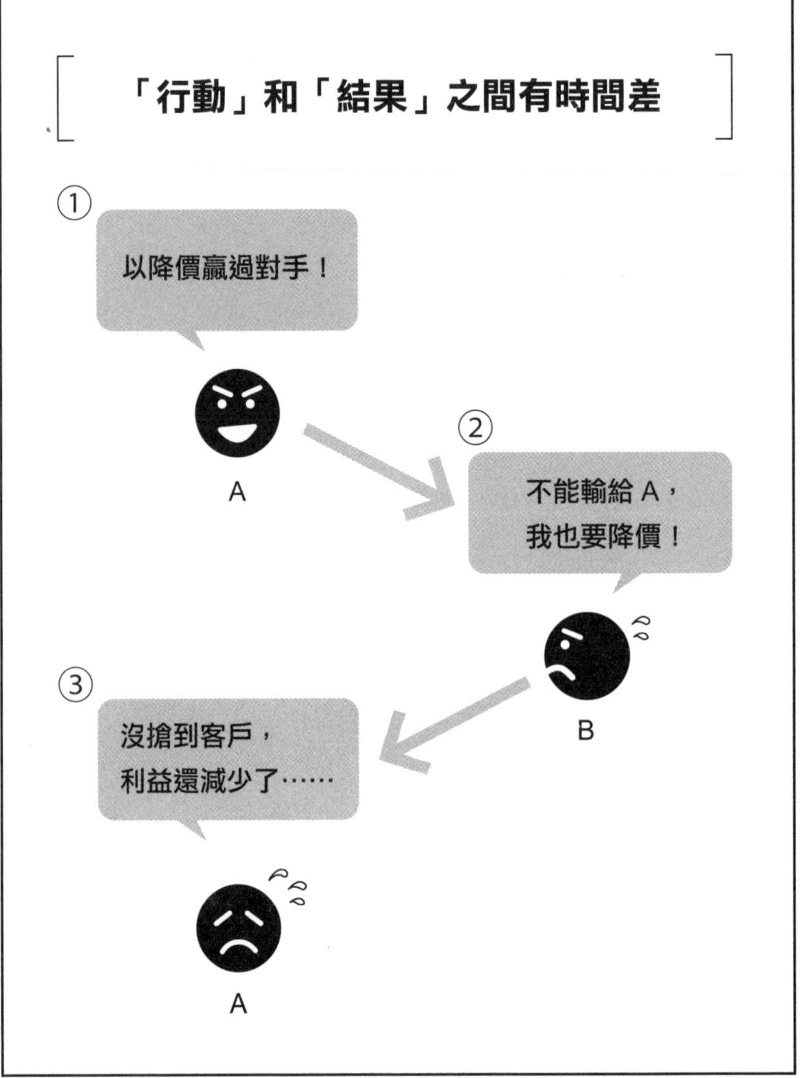
「行動」和「結果」之間有時間差
①
以降價贏過對手！
A
②
不能輸給 A，
我也要降價！
B
③
沒搶到客戶，
利益還減少了……
A

⇩ 先預測未來再行動的困難性

我們在故事中看到賽局理論也會考慮時間上的擴大。將狀況看成賽局（稱為「動態賽局」）對狀況中可能隨時間而擴大的問題進行分析。

動態賽局的研究雖然有點複雜難解，不過我們應該從動態賽局中學到的教訓其實非常簡單，而且有益。那就是「**對於會隨著時間擴大的賽局，最好先預測未來再行動**」。

或許，有人認為沒必要講得這麼煞有其事，但其實執行起來頗有難度，很多人都無法確切的執行這項原則。由於**我們對時間性的視野很狹隘，因此有許多人都不懂如何預測未來再行動**。

故事中的銀次郎所採取的行動，長期看來也不是很適切，但他卻絲毫不覺得有什麼問題。

⇩ 也有勝負已定的賽局

那麼，我們該如何拓展時間上的視野呢？

第一步，就是要**自覺眼光的狹隘**。

故事中登場的「硬幣賽局」是最適合用來理解人們在時間上的狹隘視野的賽局。

賽局規則是有10枚硬幣，兩個玩家輪流拿，拿到第10枚硬幣的人就輸了。輪到自己時，一次可以拿1枚或2枚，並不是太複雜的賽局。要理解一種賽局，最快的方法就是實際玩一局。讀者不妨找同伴試試看「硬幣賽局」。如果對手是小孩子，應該可以開心地玩上三十分鐘吧。

不過，正是「這個賽局可以開心地玩」的事實，顯示出人們在時間上視野的狹隘。原因在於，對時間視野寬廣的人而言，這個賽局一點也不有趣。

這裡有10枚硬幣
我們兩個人輪流拿硬幣，
一次可以拿1枚或2枚，拿到第10枚的人就輸。
……這賽局也太簡單了吧！

銀次郎並沒有注意到，勝負早在一開始就已經成定局了

誠如香子所說，這個賽局是後手必勝。輸贏早在一開始就已經決定的賽局，想必不好玩吧。換句話說，賽局之所以好玩，應該只有在至少一方沒察覺到「後手必勝」的情況下吧。

⇩ 從結局解讀賽局

我們先來確定一下，這個遊戲「後手必勝」的理由。

將棋或黑白棋等輪流下的賽局，最重要的是解讀未來的發展。換言之，**要從賽局的結局反向推算如何獲勝**。這種**從結局逆向推算，預測對手的行動或賽局結果的方法，稱為反向歸納法**（Backward induction）。

這個遊戲的規則是拿到第10枚硬幣就輸。另一種說法是，**拿到第9枚硬幣的人贏**。

也就是說，只要思考「**如何確實拿到第9枚**」就可以獲勝。當你思考能確實拿到第9枚的方法時，你會發現「只要自己拿到第6枚，讓對方拿第7枚」就可以了。如此對手不管拿1枚或2枚，自己都確定可以拿到第9枚。

下一個問題是，「**如何確實拿到第6枚**」。其實，這也是一樣的道理，「只要自己拿到第3枚，讓對手拿第4枚就可以了」。

像這樣從結局逆向推算後，你會發現**決定勝負的關鍵是「第3枚」**。拿到第3枚的人一定會贏。而確實可以拿到第3枚的人一定是後手，不可能是先手。因為先手不論是拿1枚或2枚，後手都一定可以拿到第3枚。之後，只要確實拿到「第6枚」和「第9枚」，就一定能獲勝。

當然，並非所有賽局都是「從結局解讀就能贏」。而且，如果是將棋或西洋棋那樣複雜多變的賽局時，要找到必勝法就很困難了。

我希望讀者理解兩件事，其一是許多人都不擅長解讀未來，其二是一般而言，**懂得解讀未來發展的人，就可以有比較好的選擇**。

我們都不太擅長解讀未來——自覺這一點，回顧日常生活的種種，或許會因此發現可以改善的問題。

硬幣賽局的必勝法

第⑩枚　拿到這枚就輸了

第⑨枚　拿到這枚就獲勝！

第⑧枚　對方若只拿⑦，就拿⑧⑨

第⑦枚　對方若拿⑦⑧，就拿⑨

第⑥枚　要拿到⑨，就必須拿這枚！

第⑤枚　對方若只拿④，就拿⑤⑥

第④枚　對方若拿④⑤，就拿⑥

第③枚　要拿到⑥，就必須拿這枚！

第②枚　對方若只拿①，就拿②③

第①枚　對方若拿①②，就拿③

思考的流程＝從結局逆向思考

⇩ 所謂「時間矛盾的問題」

在職場上，想提升部屬的工作意願，或是刺激他人做出自己期待的行動時，經常會運用糖果和鞭子的賞罰機制。但是，這個賞罰的策略不能順利發揮功能，反而抹殺對方意願的例子，也不在少數。

其原因多半在「時間矛盾的問題」。

所謂時間矛盾的問題，就是**因時間性視野不同，而改變最佳行動所造成的問題。**

⇩ 部屬的評鑑執行不順的理由

我們以部屬評鑑的例子來思考看看。

首先，部屬有「認真工作」和「打混」兩種態度可以選擇。接著，當部屬打混的時候，上司要決定「斥責」或「視而不見」。

如此一來，可能發生的狀況如圖所示，有三種狀況。將這三種狀況依部屬和上司的期望程度製成利得表，就能得到以下的結果。

這樣的狀況下，上司該採取什麼樣的行動應對呢？

上司必須要求部屬認真執行他認為重要的工作。

為此，如果發現部屬打混，上司「**一定要**」嚴厲斥責。因為如果部屬認為上司可能視而不見，部屬就會開始混水摸魚。

部屬與上司的利得表

可能發生的狀況	部屬的利得	上司的利得
「部屬認真工作」	△	◎
「部屬打混，上司斥責」	×	×
「部屬打混，上司視而不見」	○	△

以寬廣的時間視野來看賽局的整體樣貌，當上司知道部屬打混的時候，顯然「斥責」是比較好的策略。

但是，在實際職場發現部屬在打混時，該怎麼辦呢？

責罵或處罰也要花時間，若選擇「斥責」這個行動，上司的利得就會降低。因此很可能會陷入部屬打混時，上司不要處罰比較好的結論。

所謂「時間的矛盾」就是指這種一改變時間上的視野，最佳行動也跟著改變的情形。**以長期眼光來看，不好的行動就應該要斥責。因為狹隘的短期眼光而無法貫徹原則的例子，相信各位讀者也有很多經**

驗吧。

⇩「沒賣完的商品」不能降價的理由

例如這種情況。

生鮮食品類的商品，沒賣完就只能銷毀，所以店家降價求售是很正常的（短期視野）。但是，如果顧客知道店家一定會降價，可能就會等到降價時再購買。**以長期眼光來看，堅持不降價才是聰明的選擇**（長期視野）。

便利商店的便當即使沒賣完，也不會降價，而是銷毀。或許你曾經認為「降價賣掉比較好」，但堅持不這麼做，就是因為背後蘊含著這番長遠的考量。

⇩時間矛盾問題的因應之道

因應時間矛盾問題的有效方法就是——**立下承諾**。所謂承諾，就是**強迫自己不能**

因一時的誘惑，而改變行動。

但是，我們經常看見宣布「一定會處罰」、「絕對不降價」等各種口號來強迫自己的例子，但許多人最後還是敗給了誘惑。像故事中銀次郎那樣，確實訂下公約，做不到的話就扣自己薪水，這種對自己設定罰則的方法也很有效。

這種像是「自縛手腳」，說出限制自己的話，在別人眼裡或許是愚蠢的行為。但是，如果知道自己將來很可能會**因為一時的誘惑，做出錯誤的行為或不妥的決策，這也不失為一個退而求其次**

像銀次郎這樣對自己設定罰則也很有效。

的方法。

⇩也可活用於戒菸、減重、儲蓄的承諾

時間矛盾的問題，也經常發生於我們熟悉的人身上。

戒菸、減重、儲蓄、運動或準備考試等，長期看來顯然是應該要做的事，卻因為一時的誘惑而無法做出適切的行動——每個人都有這樣的經驗吧。

立下承諾，應用在處理個人的問題也很有效。

在理智還夠堅定的時候，先約束好自己的行動，就可以不被誘惑，做出適切的行動。例如，忙碌或心情焦躁時，理智較薄弱，比較容易被誘惑，就可以趁假日等心情和時間都比較從容的時候，與家人或朋友約定「若戒不了菸，就送你○○」。如果自己違反約定，就必須花錢吃虧。這樣的方法，應該可以戰勝難以抗拒誘惑的自己吧。

⇩ 時間上的視野狹隘所引起的問題

商場上**「短期利益」**和**「長期利益」**對立的情形屢屢可見。

例如，長期下來會產生龐大利益的投資，在短期內的利潤卻是呈現減少的趨勢，這樣的情形是很平常的事。如果一味在意短期利益而不敢投資，錯失大好良機，將來也只是後悔莫及。

在商場中，經常可以看到不少人為了眼前利益，而投入大筆資金宣傳主力商品，卻疏於關注新商品的開發和研究，一不留意市場，可能因此就被對手企業的競爭商品搶走。

⇩吃虧就是占便宜

不只限於設備投資和研究開發投資，在人才培養或品牌形象的投資上，擁有「長期利益」的觀點是很重要的。

還記得故事中銀次郎想找工讀生來緊急支援人手不足的情節嗎？香子提醒銀次郎應該要將眼光放遠，考慮趁機培養人才。有類似問題困擾的企業應該也很多吧。

改成短期的非正式雇用，雖然可以暫時控制人事費用，但因為沒有持續培養人才，就會造成企業成長停滯的問題。

還有，在非正式雇用員工數增加、契約隨時可以中止的職場，也會有越來越多員工不關心公司的利

培養人才尤其不能欠缺長期視野。

益、以自我為中心、不願配合公司。

若要培養可以為公司帶來貢獻的優秀人才，必須要好好討論適切的賞罰機制，以及雇用契約的內容。

另外，故事中銀次郎為了堅持使用當地食材，和旅館公會的成員發生爭論。這與近幾年產地和食材造假的問題也是很相似的構造。

欺騙消費者的行為，短期內或許會帶來利益。但長期下來，將會傷害品牌形象，產生莫大的損失。建立品牌形象和顧客的信賴關係，需要相當長的時間及大量的勞力，但破壞卻是一蹴可及。

一旦失去品牌形象和信任，就要付出莫大的時間和成本才能挽回。

大企業因發生醜聞而陷入經營危機的例子，現在早已不足為奇。

我們一定要謹記，**只考慮眼前的事物與利益貿然行動，可能會因此造成無法挽回的遺憾**。

⇩ 因應認知上視野狹隘所引起的問題

「短期利益VS長期利益」這個問題，不只是因為禁不起一時的誘惑，而造成「時間矛盾的問題」。其他，也可能**因為時間視野狹隘的認知問題，忘記了長期利益（或者沒注意到）**。

為避免這些問題，**拓展時間上的視野**，甚至營造**出必須拓展視野的機制**就更重要了。

尤其在商場上，一忙起來，就自然以眼前的事物為優先，漸漸地失去長期的觀點。我們通常**只注意看得見的事物，而忽略人才或品牌這些「看不見的重要性」**。

要擺脫這種狀況，就必須定期排出時間，**以長期觀點重新檢視自己的行動**。

在公司等組織裡，除了眼前業務相關的日常會議以外，還要定期安排討論長期計畫的會議，將長期性的計畫目標以全體人員看得見的形式呈現（例如：貼在公布欄），或是定期確認長期目標達成的程度等種種機制，相信就能建立「營運方向不流於短期利益」的組織。

有時候即使我們清楚保有長期視野很重要，但人一忙起來，就容易忽略長期計畫會議或目標達成的確認。當有這樣的顧慮時，事先在公司整體的時間表上記錄，立下長期目標的承諾，將會相當有效。

Work 5

被視為妨礙實現「工作與生活平衡」問題的無薪加班，是怎麼發生的呢？

思考看看其理由，及減少（消除）這個問題的機制。

囚犯困境與時間性視野 05

⇩ 短期關係和長期關係的「奈許均衡」不同

說到有關「短期利益VS長期利益」，在近來對日本社會的觀察中，我感覺合作關係或信賴關係的重要性有漸漸被遺忘的危機。

如同我曾在Part 1中所介紹的，我們的社會存在著許多囚犯困境構造的問題。

這邊稍微複習一下，**「囚犯困境」賽局若只有一次，彼此不合作才是唯一的奈許均衡**。但是，當同一個賽局重複好幾次時，雙方相互合作也會變成奈許均衡。換句話說，合作關係也能得以維持。

雖是「囚犯困境」，雙方合作的狀態竟可以達到均衡，這或許讓人感覺不太合理，但是**在長期的關係中，如果發展成「你若背叛我，我也會背叛你唷」的情勢，報復行為將可能發生**。

換句話說，**若能營造出可能會遭到報復的緊張狀況，合作關係就可以維持下去**。

⇩越是互相合作，發展越繁榮

這種合作關係有很大的價值。繁榮的社會或幸福的社會，是建立在人們的信賴和合作上。背叛或爭奪不會使社會整體繁榮，也得不到安全和安心。

這在各種學術研究上都已獲得證明。例如，在美國著名的的政治學家普特南（Robert D. Putnam）在其所著《獨自打保齡球》（Bowling Along）中發表的報告指出，藉由美國各地區的比較，發現**人際關係越良好的地區，在治安、教育、經濟狀況、健康等各方面都會呈現良好狀態**，而全世界都有相同的傾向。

在商場上，大家都知道**公司內部的人際關係若惡化，遲到、曠職或怠慢、內部犯罪等釀成問題的風險將隨之升高，整體生產力則會降低**。

許多人都從經驗中（或本能）知道人際互助關係的重要性，對初次見面的人，也會努力建立合作關係。和善地問候、謹慎的措詞、顧慮對方感受的談話等。但是，我們看不見別人的內心，所以無法馬上建立信賴關係。穩定的合作關係是必須一點一滴

長期的合作關係帶來的好處

長期的合作關係、信賴關係

治安、教育、經濟狀況、健康等
各方面全都呈現穩定良好的狀態

人際關係惡化的職場

遲到、曠職或怠慢、內部犯罪等
造成問題的風險提高，整體生產力降低

慢慢形成。

若有長期的觀點，這樣的努力多半可以獲得回報，但若是時間視野狹隘，一心只關切眼前的利益，心態就會以為選擇背叛或自我中心的行動比較有利，而發生「鬼迷心竅」、「一時胡塗」的反互助態度或行為。

建立長期穩定良好的信賴關係或合作關係很困難，但是破壞卻很簡單。要再度重建往日良好關係又更加困難，因為**沒有互助關係，就很難擺脫困境**。

這樣的狀況也說明了「拓展時間上的視野」、「不斷努力找出無形的價值」有多麼重要了。

Work 6

1.「與其讓一架乘客稀稀疏疏、空蕩蕩的飛機出發，何不降低票價，滿載乘客不是比較好嗎？」請舉出這個意見的問題點。

2.銀次郎覺得「不希望週末客房還空著，可以考慮每逢星期五就降低住宿費」。舉出這個想法的問題點。

3.一般認為一九九〇年代許多日本企業為激發勞動意願所引進的成果主義[注]，並未能發揮其功能。想想看成果主義制度成效不彰的理由。如果想不出理由，可以上網調查看看關於成果主義的評價。

注：「成果主義」，在企業中以員工的業績作為評估員工的績效制度。

我們想組一個廚師的研習會
難得想到好點子，可以分享給大家！

你很認真嘛！
我們剛好要推出暑假的旅行特輯，你們旅館可不可以也讓我們採訪一下。
我去了，你可要給我優待喔！
嘻嘻

我想試試看接待客人。

Part 4

行為經濟學的賽局理論
——了解人的「行動」

Story 4 勝負，不是一切

啊！忙死了！都怪以前太悠哉，閒慣了啦～
多來一點客人，就覺得好忙啊！
唰唰唰
常備品也差不多要全部換新的了，可是又沒有錢…

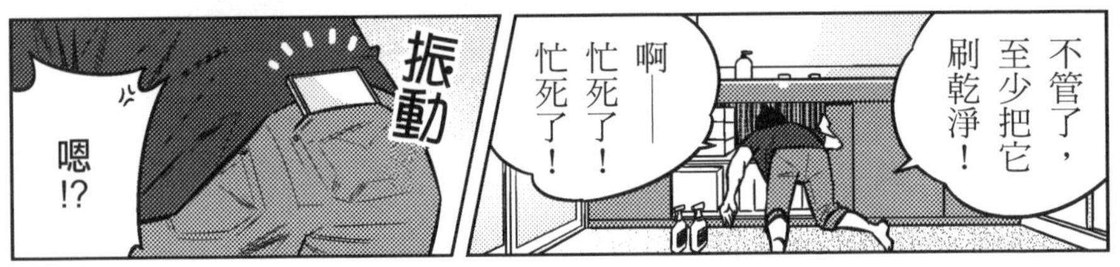

哦，健二！好久不見！
怎麼啦？不是在上班？
是在上班啊。其實是很久沒連絡了，剛好也有工作上的事要找你。
不得了耶！步成町溫泉是你們老家那邊對吧？
嗯…什麼？
你說什麼？
國外的新聞網站啊！熱門話題耶！
還是特別報導呢！你們的溫泉啊！
什麼！
噠噠噠
噠噠噠
又是網路嗎！
等等，我現在轉寄網址給你。
什麼啦？銀次郎，大驚小怪的。

你又隨便進我們辦公室……

是一個藝術家的專欄啦。

飛車旅館

真的耶！

老闆和廚師……

articles/funarions

點擊

哇～好棒喔！
上頭寫著，餐點很美味之類的評語。
還說現在整個小鎮正計畫重建溫泉街。

你很認真嘛！
我們剛好要推出暑假的旅行特輯。你們旅館可不可以也讓我們採訪一下。
我去了，你可要給我優待喔！
嘻嘻
啪

呵呵呵～～我們會恭候您大駕光臨的！
請儘管攜伴前來！
誰啊！你女朋友!?
才不是咧，是妖怪啦妖怪！
嗶！
先這樣啦！我再打電話給你。
…………
什麼妖怪嘛……

不過真的好棒啊！我有看過這個人的個展喔！
很有名嗎？
是最近的新銳藝術家，很值得關注喔！

之前你還擔心食材那件事，現在結果不是很好嗎。
這就叫因禍得福啊。
哈…算是啦！

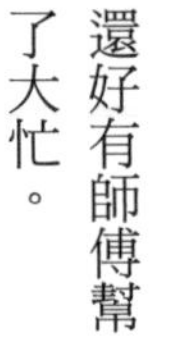

還好有師傅幫了大忙。
我脫口而出的想法。該不會替他添了麻煩吧？

沒這回事！
那個師傅上英語課的時候，說他一直都有很多點子唷。
真的嗎!?

…可是，他多做這些事，薪水也不會增加啊。到底為什麼…？

香子小姐，你以前不是說過，

「如果不能獲得肯定，不如打混。」

叫什麼…最佳行動的？

以賽局理論來看，不是怪怪的嗎？

得利

損失

對啊。
人往往會做出乍看之下不太合理的事喔。
理性
情感
賽局構造的不同
etc.
有時候，行動是因為情感而非理性。每個人看的賽局構造也有所不同。

啊…你一開始講過了，足球選手的視線…
不過，不只是那樣，其實每個玩家都有各自的視線。

對，別人做出看來不明所以的行動，一定有他獨到的理由。
如果不明白這個道理的話，也可能誤解賽局的構造。

沒什麼啦⋯那時候我是想給她一個驚喜啦！
就這樣？你的動機是？

最近，每天面對各式各樣的客人⋯
挑戰精神也跟著湧上來了呢！
不過，我沒想到會造成這麼熱門的話題呢！

是不是對師傅而言，薪水不一定等於「利益」呢⋯

喔，對了！我今天來是因為我女兒說有事要找你商量啦。

那個⋯我們也可以幫忙翻譯之類的工作。
我想試試看接待客人！

打工嗎？不知道還有沒有預算耶…
不…不是啦！沒有薪水也沒關係。
只是…

我們學校的英語社，希望有英語會話的實習機會。

我們雖然也有參加香子小姐的英語課，
但還是想實際跟外國人對話互動。
對吧
沒錯
香子小姐的…

不妙啊！她果然想占領我們這個鎮。
不行嗎？

喔，不是啦！沒這回事！
人手增加，當然是感激不盡啊！

那…要先試用
看看嗎？

那幾個孩子
好認真啊！
比我想像的還
好呢！真是幫
了大忙啊！

我以前都是找
專業的口譯人
士，
光是要告訴他們步
成町的歷史，就要
費好大勁了呢。
而本地的孩子
從小對在地歷
史就很熟悉…

原來如此啊…
高度經濟成長的背後，還有這樣的歷史呢！
充滿日本風格的寺廟也不錯，不過深入了解這些地方歷史既真實又有趣！

對呀！
我也為煤礦的歷史感到驕傲呢！
很高興能夠告訴你們這些故事。

你看，人不一定是為了錢，或衡量利益之後才行動的吧。
是這樣的嗎…

我教你一個小把戲，來證明看看吧。

土牆塗抹
體驗會
免費參加

哇——
還真不少人耶！

我原本還在想，也該要重新塗整了。
多虧你的點子，幫了我大忙…

這…算是義工吧？

算是——聚集人手的一種方法吧！

等一下是不是要送個小禮物什麼的……

比起當「義工」，「體驗」讓參加者感覺是為了自己參與活動。

有時候，還有人願意付錢參加呢。

體驗

為自己的感覺

義工

為他人奉獻的感覺

實習生也是相同的道理，工作性質其實和工讀生一樣。但是，如果說「職業體驗」的話，你是不是就想試試看了？
體驗
的確……
沒經歷過的行業內幕，好像很有趣。

必須小心的是，不管是賽局理論或是其他情境，有時候反而會被知識蒙蔽。

知識

以為自己「已經懂了」，反而阻礙了解決之道……

所以要用謙虛的態度與人對話，了解對方的立場和情感，才是最重要的。

原來如此……

思考「人為什麼會有不合理的行動」，實在很有趣！
得失或勝負並非一切。
想和別人協力完成一件事情，
希望讓別人開心，
想在社會上被需要…等等，這背後有許多的人情味。
留意對方的情感，也是思考賽局時很重要的一環喔。
…這是顧客問卷調查。

中村太太，有人稱讚你喔！
這裡寫了「令人很自在的接待方式」。
哇～真的嗎！好開心喔！
嗯！今後也要本著鎮上第一旅館的驕傲，
繼續帶領大家啊！
採訪人們努力的模樣，做成報導。我覺得很有意義呢。
我們想組一個廚師的研習會
難得想到好點子，可以分享給大家！

桂馬屋
這裡的溫泉真是又溫和又舒服呢。
這孩子皮膚不好，太刺激的溫泉，他會覺得痛…
哦——這樣啊？
嗯…還有這樣的情形啊！我得記錄下來。

……
不知不覺我也認真起來了。
還隨身帶著筆記本～

人的行為，一定有他獨到的理由嗎？
那我又是為了什麼而努力呢？
吱！
受到客人的稱許，雖然也很開心，但我也不是對旅館有那麼深的感情。
賺錢當然高興，但總覺得這也不是最重要的。

當初我是為什麼辭掉工作回來的？
老媽還在，全都交給她，不也好好的嗎？
我自己的事都說不清楚了，
別人的感覺，不問怎麼會懂呢？

說到這，香子小姐…

我也不懂她，為什麼會這麼熱心幫我？

仔細想想，我對她還真是一無所知呢…

啊——啊——不懂的事好多啊！

沙——！

⇩ 還有俯瞰也不知道的事

在之前的三章，我們學會拓展「空間」與「時間」的視野去俯瞰問題的結構，看見了過去無法理解問題的真正原因。

這正是賽局理論方法的優勢。

但是，當我們要開始應用賽局理論解決各種問題時，卻又發現，原來還有**光是俯瞰狀況也無法理解的現象**。

例如，在 Part 3 中介紹過「硬幣賽局」，雖說這個遊戲是後手必勝，但那是指對方（後手）是「懂得解讀未來的人」。後手如果不會解讀未來，先手仍有獲勝的機會。而對方是否會解讀未來這個問題，我們無法單靠俯瞰賽局的構造或狀況得知。

為了更有效運用賽局理論，除了俯瞰狀況的宏觀視角，還要再加上**試圖理解玩家，也就是該事件的相關人員行動的微觀視角**。

因為若不能理解各個玩家會採取什麼**樣的行動，再怎麼俯瞰問題，也不能正確理解即將發生的狀況和解決問題。**

⇩人的行動不是單一模式

我們人不會全都採取同一種行動。當立場和前提有了變化，行動也會跟著大大改變。

我們試著思考以下的狀況。

在「囚犯困境」中，我們的假設是「希望羈押期間短一點」，但或許也有不這麼想的囚犯。

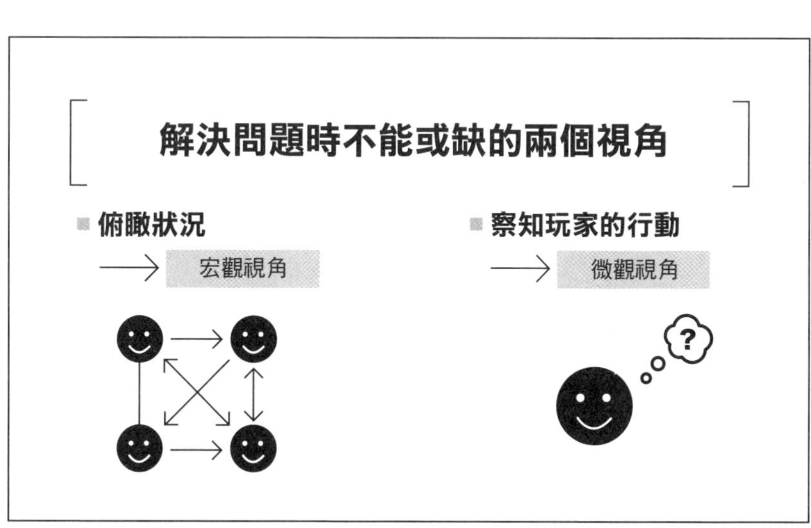

歐・亨利（O. Henry）的某部小說中，曾描寫主角在寒冷的紐約，為了想過溫暖的耶誕節，竟試圖犯罪，以求關進監牢。

如果前提條件改為「**希望在監牢關久一點**」的想法，A、B兩名囚犯又會如何行動呢？

這時候，是否也會發生兩難的困境呢？

我們寫出利得表來看看。

因為希望關久一點，所以期望程度的順序單純反過來就好了。將各自的最佳策略圈起來後，我們發現「**兩者都緘默**」是奈許均衡。因為只考慮自己時，緘默是比較好的方法，這也是意料之中的結果。

有趣的是，這樣的情況也是左右為難。「兩人都認罪」比奈許均衡的「兩人都緘默」羈押期間還久，而這才是兩個囚犯所希望的狀態。

這也是個人利益和全體利益對立的狀況，所以也是左右為難的困境。

如何？

一旦行動的前提改變，問題的本質也會完全不同。

由此可知，大家眼裡的世界也是同樣道理，當我們對人的行動看法改變，或許就會產生截然不同的結果。

當行動的前提改變會如何呢？

奈許均衡

	緘默	認罪
緘默	①，①	③，0
認罪	0，③	2，2

⇩ 對人類行為的「無知」所衍生的學問

「我自己的事，我很清楚。」

「人會怎麼行動，不用說也大概知道。」

許多人都這麼想，其實我以前也是這麼想。

但是自從研究了行為經濟學後，讓我知道人們這樣的認知只不過是一廂情願。

所謂**行為經濟學，就是探究人類真實行為受心理或情感左右的結構，由此試圖理解經濟現象或經濟問題的新興經濟學。在傳統的經濟學中，通常是假設人會為獲得最多私人利益，而做出的合理行為。**但是，我們卻經常看見無法以此說明的現象，因此便衍生出從「歸根究柢，人到底都是怎麼行動的呢？」這個最根本的疑問，來重新解釋經濟現象的研究。

這就是行為經濟學。

⇩ 從行為經濟學解釋人類的行動

根據行為經濟學的研究，我們甚至連自己會做出什麼樣的行動，都不知道。

例如，我們總是會不知不覺地，做出以下舉動。

- 選項太多，反而不知道怎麼選
- 有3個選項時，會選擇中間的選項
- 受他人行為影響
- 只選擇對自己方便的資訊
- 視野越來越狹隘，不會預測將來
- 誇大極小的機率
- 過度自信
- 為了挽回損失，而不把風險當一回事

儘管已經有實驗證明了人類這樣沒有意識的傾向，但還是有很多人沒發現。**連自己的行動都不知道，自然也無法理解與自己立場相異的他人所做出的行為了。**

⇩「知己知彼，百戰百勝」

賽局理論被稱為現代的「兵法」。

說到兵法，在經典的孫子兵法中，最有名的一節，相信讀者們也都耳熟能詳，就是「**知己知彼，百戰百勝**」。

這一節的重點是，當我們**思考戰略時，除了要俯瞰狀況之外，詳知敵方與我方也是很重要的**。

而有現代兵法之稱的賽局理論，當然也不能缺少這個視角。

以理解人類行動為基礎的賽局理論，就是「**行為經濟學的賽局理論（或稱為行為賽局理論）**」的研究在近幾年相當盛行。

Part 4 也會介紹其中一部分。

人是「情感」和「理性」的動物 03

⇩為什麼我們會連自己的事也不知道呢？

「我很清楚自己的事。」

許多這麼認為的人，都以為自己的行動都是經過自己思考來決定的。但真的是這樣嗎？

事實上，我們平常的行動幾乎都是不假思索、在無意識中決定好的。要穿哪件衣服、搭哪班電車、吃什麼、買什麼、怎麼工作等等。雖然也有經過思考後才決定的事情，但許多時候其實是「和平常一樣」，沒有多想其他就決定了。還有**說不出理由，純粹受情緒影響而行動的決定**。

電影「回到未來」（Back to the Future）的主角每次被人戲稱膽小鬼（Chicken）後，就無法控制自己的情緒，而做出魯莽的舉動。相信在現實生活中，也有人有過類似的經驗吧。

衝動購買或是一見鍾情，也都是說不出具體理由的舉動。

⇩系統一和系統二——兩種行為的結構模式

正常時候，我們的頭腦裡會思考著各種事情，然後行動。但是對於剛出生的嬰兒或其他動物而言，就不是這樣了。他們只是依據與生俱來的行為程序，不用誰教，單憑對外界刺激的反應來行動。

外界的刺激讓他們產生「想吃」、「想摸」、「想看」等情緒（衝動），這些情緒自然引導他們做出「吃」、「摸」、「看」的舉動。

這些情緒是因刺激而不由自主湧現出來的，這樣的行動並非理性，而是感性所致。

人類雖然可以理性地執行「搭○點的電車」、「發送郵件給○○」的有意識行為，但是日常生活中的行動，幾乎都是不自覺地進行。

行為經濟學稱**不自覺的行動結構為「系統一」**，**有自覺的行動構造為「系統二」**，兩者各有不同的特徵，也各有優缺點，**人類的行為主要分為這兩大類**。

例如，我們所認識的行為主要都是系統二，使用大腦新皮質的前額葉皮質區思考，但系統二的運作十分耗費精神，因此我們常常會不自覺地分神（稱為**認知經濟**），轉向處理系統一的事物。

兩個系統如何區分使用，因人而異，但肯定的是沒有人可以完全不依賴系統一。而大腦新皮質的前額葉皮質，會隨著人體的老化而逐漸功能減弱，也可能造成不自覺的活動比例增加。

例如，想要專心工作或用功念書，卻因附近有人講話而無法集中精神的人應該不少。雖說不想聽的話，不去理會就好了，但是我們的耳朵卻不由自主地會接收到那些聲音，妨礙我們的思考。像這樣「不由自主地接收聲音」就屬於動物行為結構的「系統一」。而「想要專心工作、用功念書」則是理性行為結構的「系統二」。兩個系統相互較勁的結果，就造成了焦躁的情緒。

當然，我們自己幾乎不會注意到那些不自覺的行為或反應，除非別人點破才發現。

兩種行為結構

系統一 無意識的行為結構	本能行為或習慣行為
	幾乎不自覺的行為
	速度較快
	可以多任務並行
	自動發生且不能變通
	不太會累
系統二 有意識的行為結構	理性行為或思慮性行為
	有意圖的行為
	速度較慢
	單一任務
	可臨機應變、更改行動
	感覺疲勞和負擔

「像人類的行為」的構造

04

⇩ 行為結構的基本構造

人的行為結構有感性與理性兩個系統——這樣的說明，可能讓人感覺好像很複雜，而人類的確是比其他動物複雜許多。

但是，人類行為的基本結構和其他動物其實並沒有太大的差別。

如同其他動物，**人類為了生存下去，要滿足食慾、追求生命的安全、為留下子孫而對異性產生興趣等，這些需求可以說明我們的大部分行為。**

⇩「人類的行為」背後的五層需求

但是還有光靠這些也無法說明的部分。我們人類有更多像**人類的需求**。根據心理學家馬斯洛(Abraham Harold Maslow)的學說，我們人類是有五層需求（如圖示）。

儘管如此，我們還是容易認為「人是為錢工作（為滿足生理和安全的需求）」。

請回想故事的情節。

鼓勵飛車旅館廚師行為的，不是為維持生計的收入，而是「自己做的菜可以獲得別人的認同」這種尊重的心理需求。還有，女高中生們之所以想要「用英語做觀光導覽」，則是為了想要成長的自我實現需求。

如果認為能驅動人的只有錢，可用策略的選擇餘地就會變得非常狹隘，使問題

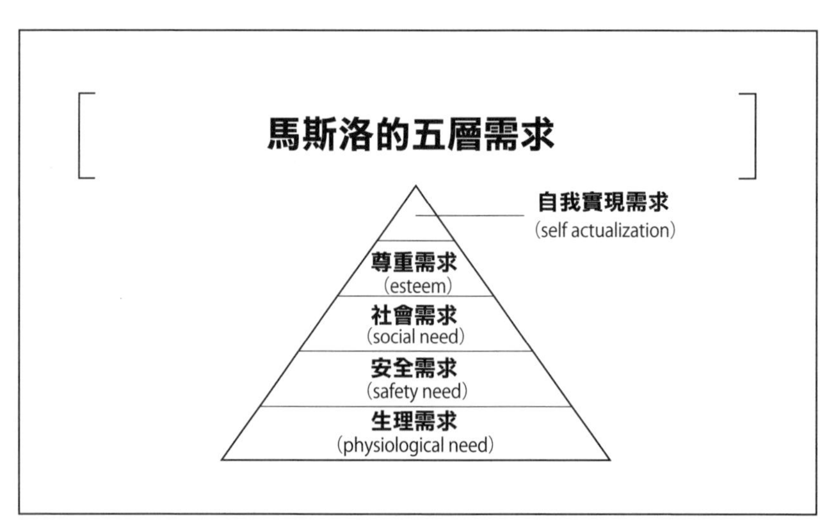

難以解決。

但是，知道人會願意為了金錢以外的目的工作，在過去認為不可能的事情，或許都能得以實現了。

⇩人不是一直都「為錢」而動

橫越日本千葉縣房總半島的夷隅鐵道，在二〇一〇年三月，以培訓費用自付額七百萬圓為條件，召募列車駕駛。這個故事也改編成NHK電視劇搬上螢幕，相信許多人都知道。

如果我們認為「人總是為了最大利益（金錢）而工作」，那麼理應「沒有人會接受這樣的條件去應徵列車駕駛」。事實上，鐵路公司的相

驅動人的不只是「為了錢」。

關人員也透露，這樣猛隘的意見的確不少。

然而，實際上開始召募時，有許多人前來應徵，其中錄取了四人，經過訓練生的階段，終於在二〇一二年十二月，全數順利成為鐵路駕駛。

當上駕駛固然會有薪水收入，但是光用金錢這個理由，並無法說明他們的行為。「希望成為鐵路駕駛」的夢想（自我實現需求）才是驅使他們應徵這份工作最大的原動力。

⇩人都不擅長「綜合性判斷」

如馬斯洛所指出，人類有多種需求。

例如，在公司上班的行動，就可能同時和五種需求有關。不只是「為錢」，也跟想獲得他人認同、追求自我成長等需求有關係。

這樣想來，選擇工作的時候，應該要思考透過工作可以獲得什麼，做出綜合性的判斷後再決定。但是，**我們卻不擅長這種綜合性判斷**。例如，有「薪水雖然低，但是可以學到很多」的工作，和「薪水很高，卻很無聊」的工作，該選哪邊才好，實在很難判斷。其實只要將在工作中可以獲得的「薪水」和「學習」以分數表示，再進行綜合判斷來決定就可以了，但是實際上幾乎沒有人可以這樣判斷。因為這種**複雜的思考，需要大量使用系統二的認知能力，而我們會不由自主地想要逃避系統二的運作**（認知經濟）。

那麼，到底該如何判斷呢？在**複數的要素中，只專注一部分的因素進行評價和判斷就對了。還有，複數的要素中，該選哪一個來專注，這個問題利用資訊的操作就可以簡單變更**。

故事中所介紹的例子，同樣是塗抹土牆的活動內容，廣告上寫著「徵求塗抹土牆的志工」和「土牆塗抹體驗會（免費參加）」，人們在評估的時候，重點就會因此改變。

幫忙塗抹土牆這個活動，對參加者來說有兩種意義。一是「當志工幫助別人」的意義，另一個是「體驗、學習」的意義。

以徵求者的立場，強調「志工」的要素，或許是比較誠實傳達「拜託」「請幫忙」的意思，但是以參加者的立場，就不見得有什麼吸引力了。

將活動內容用「體驗」的措辭，容易讓人感覺到「學習」或「成長」的意義，反而可以刺激參加意願。

⇩ 薪水越高越好嗎？

大家對自己的薪水有多滿意呢？

請稍微想一想。

接著，請想像一下因颱風災害失去房

對參加者有吸引力的傳達方式是？

同時宣傳「志工」和「體驗、學習」 →	資訊量太多
只宣傳「志工」 →	沒什麼吸引力
只宣傳「體驗、學習」 →	有吸引力，好像很好玩

子、家人和工作，住在貧窮地區的人收入有多少？然後再回頭想一下自己的薪水。

現在，你對薪水的感覺，是不是改變了呢？

薪水越高，雖然是越高興，但是這個評價卻不是絕對。我們並不擅長**給予事物絕對的評價，通常都需要參考標準進行比較**。例如薪水，以「去年的薪水」和「周遭的薪水」作為參考標準，如果自己的薪水高於參考標準，就會感到高興，若低於參考標準，就會因此失望。

但是，這樣的參考標準也不是絕對。

如同先前的例子，當我們聽到與自己完全不同環境的外國人薪水低很多時，參考標準就會降低。如此一來，覺得自己薪水低的人，心中的不滿可能就煙消雲散了。

⇩ 人的行為結構與詐欺的手法

一樣的狀況，只是參考標準被動了手腳，評價就有了一百八十度的轉變，這樣的判斷實在令人不明所以。如果能夠做出絕對評價，就不會發生這樣的事，但以我們的認知能力卻很難做出理性客觀的判斷，因為我們總是不知不覺就拿參考標準來比較，做出相對評價。

與人議價時，你可能聽過賣方故意哄抬價錢，但這其實是**利用人習慣以參考標準做出相對評價的策略**。

例如，賣方想賣一萬圓，但若一開始就開一萬圓的價格，可能誰也不會買單。這時，他可能一開始先喊出十倍價錢，「這個商品十萬圓，您覺得如何？」

當然，沒有人會花十萬圓買，但重要的是，**當對方提出這麼高的價錢時，我們會不由自主地以十萬圓當作參考標準**。而一旦十萬圓被當作參考標準，即使是二萬圓，我們也會覺得便宜了，這真是不可思議。

據說，匯款詐欺等也是運用這樣的手法，一開始要求極不尋常的金額，再減低到被害人勉強可以匯出的金額。這就是人類的行為結構遭到惡意利用的例子。

根據參考標準的相對評價

■ 參考標準＝ 1 萬圓

1 萬圓
如何？

NO!!

不要

■ 參考標準＝ 10 萬圓

10 萬圓
如何？

NO!!

不要

那 2 萬圓
如何？

10 萬變 2 萬，
好像不吃虧喔！

⇩ 不會失去工作意願的評價訣竅

對人的評價也是一樣。

尤其是正在栽培孩子的父母親，總是會不由自主地把自己的孩子跟別人的孩子相比。如果比別的孩子優秀就還好，要是比較差，可能看到孩子都覺得心煩。但是，跟孩子還小的時候相比，才發現他已經成長許多，這時心情又平靜下來。

日本的學校教育也被稱為偏差值教育，就是和團體的平均能力比較來作為評價。這樣會有將近一半的孩子成績在平均值以下。

釐清評價的參考標準

參考標準	效果
團體的平均能力（偏差值等） →	低於平均就失去動力
各人過去的能力 →	所有人都會想更努力

感覺「自己完蛋了」的孩子會完全失去學習意願。

如果只認識日本的學校教育，就會覺得這一切理所當然，但是，事實上並非如此。將評價的參考標準，放在每個孩子過去的能力上，孩子們就不會覺得自己的表現比別人差，反而會更有學習意願。例如，珠算、書法、游泳等多項採取達到標準就可以晉級的教育系統。孩子們會**以過去自己的表現作為參考標準**。如此可以實際感受到進步和成長，進而提升學習意願（不過，當晉級變困難時，也會有意願降低的問題）。

對大人的評價也是相同的道理。

當我們對別人有過度期待時，就會覺得不滿或煩躁。這樣的情緒也會影響行為。如果不滿或煩躁會導致情緒性的不當行為，評價他人的時候，不妨刻意改變參考標準，應該會有效果。

Work 7

你是否對身邊的某人感到不滿或煩躁？
想想你對他感覺不滿或煩躁的參考標準。
可能的話，試著刻意改變這個參考標準。

05 了解玩家行為的背景

⇩每個人的行為背後一定有他的理由

如先前所述，我們對於自己的事都存在很多不自覺的地方，更何況是別人的行為，不懂是理所當然的。

「站在對方的立場思考。」

「理解別人的心情。」

即使我們知道嘗試理解對方的立場很重要，但實際能夠充分做到的人卻很少。

但是，我們不能推託到「不能理解」、「不知道」的理由，就放手不管。要努力試圖理解才可能從本質解決問題。

「大家都很滿足的現況，為什麼唯獨那個人不滿足？」

「大家都很努力，為什麼他不努力？」

「他就是很任性」、「他就是個懶惰的人」，隨意便給人貼上標籤，真的很容易。

但是，真的是這樣嗎？

或許只是我們不懂，他所追求的是肉眼看不到的需求。他可能對薪水不滿，或是尊重需求沒有得到滿足，又或者他想挑戰新事物，總之每個人一定都有他的理由。

從表情、態度或行為來推測一個人的心理固然也很重要，但是若能藉著對話引導他說出來，是最理想的了。

然而，我們不會平白無故跟不信任的人說出自己的真心話，所以有時候得先從建立信賴關係開始。

關於人類的行為研究尚在發展中，雖然探討人類的行為結構研究已經到了腦神經的階段，但還有許多不明之處。這裡所介紹行為結構的一部分，或許也能顛覆未來的研究。

我們**不要自以為「很懂人的事情」，保持謙虛態度求知才是最重要的。**

Part 5

賽局理論的應用
──為了進一步解決問題

你有沒有變成「井底之蛙」？

Story 5

老哥——!!?
桂馬屋
哦！金太郎你到了呀。
嗯，老媽我回來了
蛤!?
嗯，凡事都是經驗。
你到底跑到哪去了啦！
老媽很擔心…
猛吃！
猛吃！
從東京走回來!?
旅館　桂馬屋
長男　桂　金太郎

所以你早就知道他要回來？你不是說，「不知道人在哪裡…」
因為不是每天都可以連絡得到的地方，我一時又說不清楚…
你們還有連絡！
你們都在啊！看看這個～學生送我一瓶酒耶♪
大家一起喝吧…

嗯？

好棒喔！你去了不少地方嘛！

生悶氣

嗯。都是非常珍貴的經驗，眼界也更寬廣了。

這裡是哪裡啊！
哦！銀次郎你醒了啊。
你不記得了呀？「祕密基地」呀。

以前我們三個人常常在這裡玩啊！
是啊！好懷念啊…
喂！不要懷念往事！

啊…好累
到底是怎麼回事啦…

我繼承這個旅館十年⋯⋯

意識到有非做不可的事⋯⋯

着信

実家

老爸死後，我馬上就繼承家業。

完全不知道其他世界的事。

我懂的只有這個鎮和大學四年所學的。一開始我也覺得這沒什麼。

可是，當我遇到瓶頸後，就開始破綻百出了。

所以我才決定出走，去看看外面的世界⋯⋯

我們只知道極有限的選項，
但是，如果能找到更多選項，問題或許就能解決…
所以我必須往外看才行…
別人都在做些什麼？
有什麼不同的選擇？我必須知道。
……
你回來…嚇了我一大跳。
你不是也做了很多努力嗎？
香子也幫了不少忙吧…
辛苦了！

「傳說中的企管顧問」
真不是蓋的⋯
什麼？

什麼傳說啦⋯你
不要把人家講得
像化石一樣啦！
是「前」顧
問好嗎！
你不知道喔？

她曾經在美國有名
的顧問公司工作，
還榮獲最年輕
的女性MVP
的頭銜。
媒體也爭相
報導喔！

……
我還翻譯了那篇報導…
對了！難怪我那時候……
總覺得在哪裡見過…
可是為什麼是「前」…你辭職了嗎？為什麼？
一時衝動啦！
企管顧問這個工作很有意義，
但是我一直苦無機會能更直接幫助別人。
突然想起這裡的事…

打電話預約的時候，剛好是小金接的吧？
懷念起從前往事，就聊起來了…
互相吐完苦水後，我決定「助他一臂之力」。

然後，我毅然決然地辭掉工作。
交接花了點時間，結果來到這裡時，小金已經走了。

你怎麼…就這樣辭掉全世界有名的公司…
好可惜…
沒這回事！

銀次郎也很努力！

當初像是一盤散沙的小鎮，現在大家為了溫泉街，不是都同心協力嗎？

我覺得很充實呢。
我覺得人生又多了好多選擇呢！

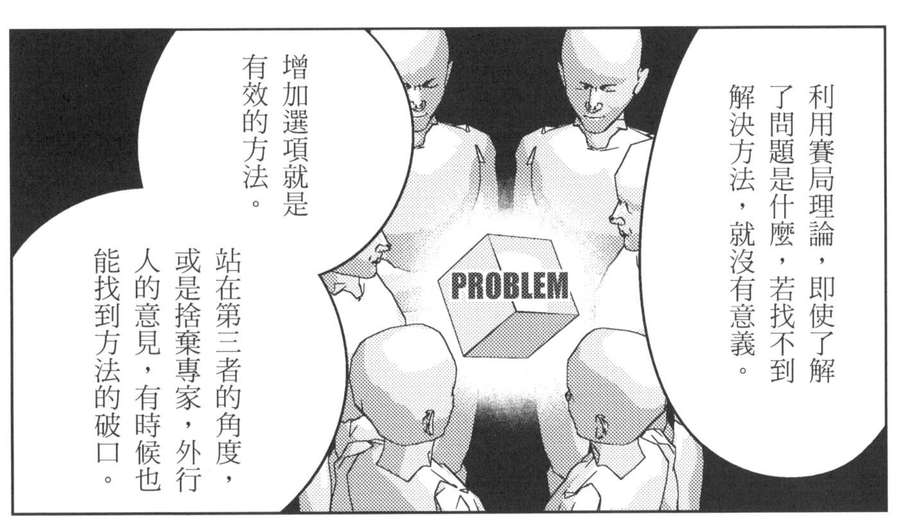

利用賽局理論，即使了解了問題是什麼，若找不到解決方法，就沒有意義。
PROBLEM
增加選項就是有效的方法。
站在第三者的角度，或是捨棄專家，外行人的意見，有時候也能找到方法的破口。

我只是把我知道的說出來而已。

接受這個選項並發揚光大的，其實是銀次郎你喔！

總而言之，

我回來了！

你可以去做自己喜歡的事了，銀次郎。

你為了幫老媽，遠從東京回來…
真的幫了我大忙呢！
你如果願意留下來，我會很高興，但是我不強迫你。

你已經自由了！

我不適合做生意。

但是，當初不明就裡地跑回來，是為什麼呢…？
當然也是擔心母親，但不只是這樣…
因為以前我總覺得鎮上沒有我的容身之處，
旅館有老哥繼承，就不需要我了。
住在東京的時候，也沒有什麼目標。
我只是跳進一個「空位」而已吧？
那萬事拜託了！
但是——現在不一樣。

English & Painting

啊！喂喂？是我。

設計系學生的研習營，應該可以成行喔。

太好了！接下來的整體造景，我們還需要一點意見。

光靠我們自己解決不了的問題，不妨試試賽局…

找賽局外的潛在玩家參加，有時候也可以改善狀況，對不對？
我知道啦！

我現在就要啟程回去，下午四點左右會到吧。

解決問題時，
除了「增加選項」、「增加玩家」之外，還有一個方法——
就是「激發沉睡的點子」！
可能只是自己不知道，組織中或許有其他人可以提供解決問題的資訊或點子。
自以為浪費時間的事情，或許也有幫助。
不過待在一個說出意見，也不願意被採納的組織，可沒辦法激發沉睡的點子。

賽局理論學得再多再好，光靠一個人是無法解決問題的。

一定要找到可以一起面對問題、尋求解決方法的同伴。

跟這樣的同伴共同合作…才是最重要的。

所以囉，結果不用我多說，
接受我的建議，把金鎖的人都聚集起來…
這就是銀次郎你一直以來在做的事…

哦！銀次郎你趕上了啊！
你要一起搭接駁巴士吧！
香子小姐…今天輪到你翻譯嗎？
對啊。
呵呵～你都記熟了嘛！
桂馬屋
Keimaya
步成町駅
歡迎回來～地區顧問！

⇩進一步解決問題

在前面，我們概觀了賽局理論，就能以賽局理論的基礎思考為出發點，更進一步活用於解決問題。Part 5即是其方法的解說。

第一項是增加「策略（選項）」。當我們面臨問題，很容易以為在已知的狀況中只存在極有限的選項。但事實上，或許**另有其他的有效選項**，如果能找到，甚至能因此大大改變賽局構造，也同時提升問題獲得解決的可能性。

⇩投手和打者，誰會贏？

我舉一個「策略增加，就能改變賽局構造」的例子，想想看棒球的投手和打者之間的交手過程。

假設投手有「直球」、「曲球」策略，打者有「直球打法」、「曲球打法」的策略。換句話說，投手會「直球」還是「曲球」，打者只要能解讀，就是打者的勝利。如果打者無法解讀投手的策略，那就是投手的勝利，賽局的利得表如下圖。

這個賽局沒有奈許均衡。投手和打者**只要知道對方的策略就能贏，但對方因為不想輸而改變策略也很正常**。因此，我們無法得知哪一邊會贏得勝利。正因如此，勝負才會有趣。

投手和打者，誰會贏？

		投手	
		直球	曲球
打者	直球打法	①，−1	−1，①
	曲球打法	−1，①	①，−1

⇩策略越少越不利

那麼，如果投手只投「直球」（只有「直球」這個策略），勝負會如何呢？以打者的立場，他知道投過來的一定是「直球」，當然，只要採取「直球打法」的策略就贏了吧。同樣的道理，投手有「直球」和「曲球」兩個策略，但如果打者只會選「直球打法」的策略，投「曲球」就可以輕鬆取勝了。由此可知，**策略越少越不利**。

投手若能投出對方無法應付的球路，就能取得優勢。因此，許多投手開發出指叉球、滑球、叉指球、二縫線快速球等各種變化球。當然，打者若不能逐一應付，就無法在勝負的世界生存，所以也須持續努力鑽研各種變化球的打法。**增加策略，就可以解決當前的課題**，這正是促成棒球進步的原因。

⇩外部選擇與調薪的訣竅

增加策略便可營造有利狀況，在商界也是同樣的道理。

例如，企業和勞工（員工）的關係。所謂的勞資關係，有人認為是一方壓榨另一方的關係，但彼此因為這層關係能使雙方獲利，所以締結契約，這樣的想法是比較自然。企業雇用勞工來工作，以賺取利益，而勞工則接受其中一部分作為薪資而獲利。換句話說，企業和勞工是共同分食著從勞資關係中產生的「收益」這塊大餅。

左右大餅分配比例的關鍵是薪資。薪資上升，則勞工的利益便增加，相反的，薪資減低，企業的利益就增加。

策略的多寡，也會影響利益的分配，即薪資的決定。這是指名為外部選擇（Outside options）的策略。例如，如果勞工只有待在這個企業工作的策略，與企業交涉薪資時就處於不利的立場，不得不接受低廉薪資的契約。但是，倘若勞工還有其他企業工作的外部選擇，情勢就不同了。如果企業提出的薪資太低，勞工可能就會選擇跳槽。企業只好再提出更高的薪資。當外部選擇的待遇越好，對勞工越有利。

企業亦然，擁有越多的外部選擇越有利。企業的外部選擇就是「雇用別人」或是「引進機械化」、「委外製作」等選項。

事實上，人手不足的時候，勞工若有相對好的外部選擇，企業卻沒有多元的機會可以選擇。此時，大多傾向調升薪資。相反的，遇到人手過剩的時候，企業相對有好的外部選擇，薪資便會轉而偏低。

我們要注意的是，**即使不實際行使外部選擇，光是存在其他的選項，就能影響結果**。「跳槽到別的企業」這個外部選擇會影響薪資的交涉，但實際上沒有選擇的必要。即使你完全不想辭掉現在的公司，準備好「辭職」這個選項也有其意義。

貿然行使外部選擇，反而有辭去工作所伴隨的風險，應該要慎重判斷。因為企業也不太想與會貿然辭去工作的人簽約。當然，勞工也不想跟會隨便終止契約企業簽約。

「我也可以去別家公司上班，但我比較想在這家公司工作」的勞工和「我可以雇用別人，但我比較希望你來上班」的企業，在一定的緊張關係當中，勞資雙方維持長期的合作關係才是理想的勞資關係。

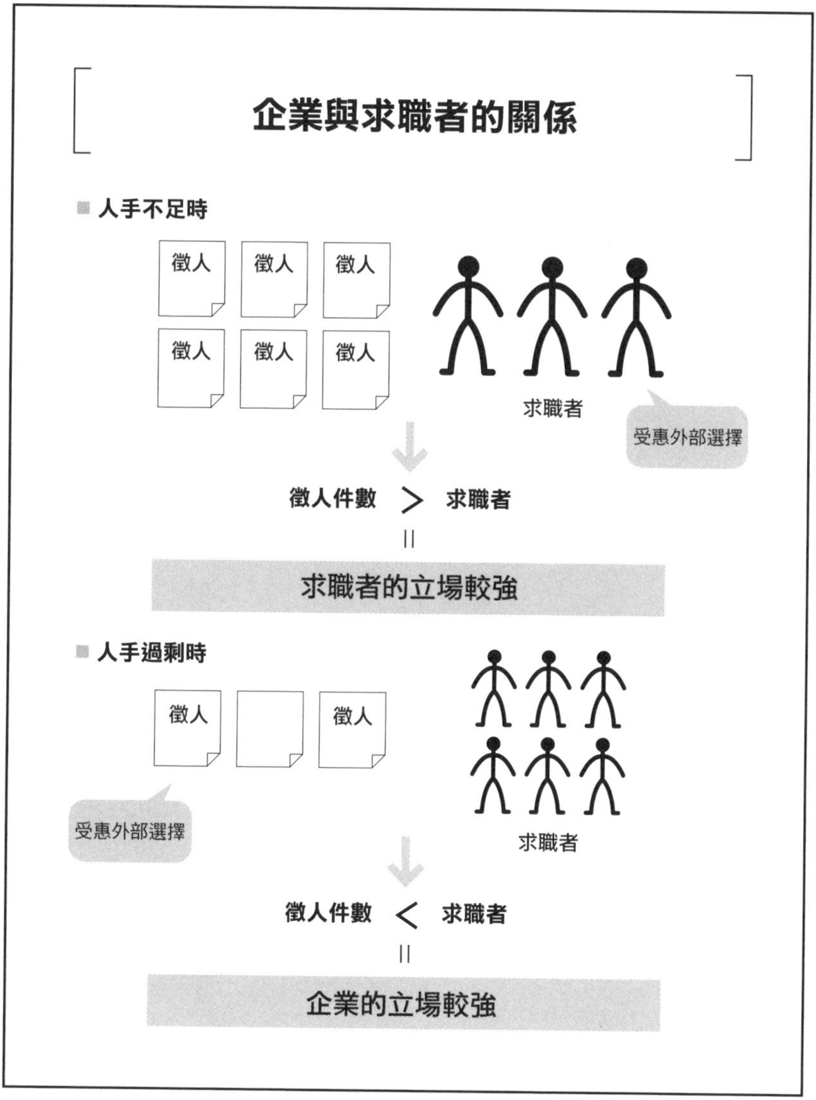

企業與求職者的關係

■ 人手不足時

徵人 徵人 徵人
徵人 徵人 徵人

求職者

受惠外部選擇

徵人件數 ＞ 求職者

＝

求職者的立場較強

■ 人手過剩時

徵人 徵人

受惠外部選擇

求職者

徵人件數 ＜ 求職者

＝

企業的立場較強

⇩商場是「零和賽局」嗎？

有人說「商業界是零和賽局」。**所謂零和賽局，就是所有玩家的利得加起來等於零的賽局**。利得是有人正數，就必定有人是負數。有人說「商業界是零和賽局」，主張整個經濟活動其實完全沒有產生任何利益。**有人贏，有人輸——加總利得，合計並沒有增加**。

有人獲利也有人損失，這是事實。但是，商業所代表的整個經濟活動是**正和賽局（所有玩家的利得合計還有增加的空間）**。因為現代商業的高度分工，已經演變成遠比自給自足時代更加富庶的正和賽局構造。

同理，勞資間的合作關係也是如此。雙方合作產生價值，使彼此都獲得利益。其中或許有人獲得極大利益，但與其揣測是壓榨他人所得，其實多半是產生更大價值而得到結果。

企業間想必也是一樣。在職業體育界中，如果與對手團隊合作，就變成「放水造假」，但商場中卻沒必要永遠和競爭企業敵對。與競爭企業對等合併、或是共同開發新技術，有時候也是突破困境的有效策略。

雖然競爭有助於激發企業更加努力，但過度競爭可能會造成社會全體的負面影響。俯瞰賽局的整體構造，一旦發現自己陷入難解的困境，就應該要檢討，嘗試找出彼此都能獲得利益的合作策略。

⇩ 尋找潛在玩家

當我們思考某個問題的解決對策，經常會將自己侷限在「現狀」的框架當中。

超越這個框架，把賽局外的「潛在玩家」也拉進來，或許可以改善狀況。

以托兒所等待入學兒童為例。有些母親因為孩子不能進托兒所而必須辭去工作；想要繼續上班的女性，只好犧牲結婚或生產——這是很嚴重的社會問題。

這個問題只有「上班媽媽」和「行政機關」兩個玩家，即使想解決，也想不出什麼好的對策。要解決這個問題，可以考慮將那些自己的孩子已經長大的母親也加進賽局。有育兒經驗、有時間、有工作意願的女性，在各地都有一定的人數。若孩子已經獨立，家裡多出空房間，也可以在自己家裡當保母，照顧暫時無法進托兒所的孩子。

當然，也有引起糾紛時的責任歸屬等必須解決的課題，但這也是建立雙贏關係的一種可能。

如Part 4的故事情節，外語觀光導覽的人員不足時，讓學外語的學生參與也是很好的點子。

加入新玩家使問題獲得解決的例子，可以理解為協調賽局。

現狀是互不相關的狀態，但腳步一致。這樣的狀態是穩定的奈許均衡。如果只有單方想建立關係，合作關係無法成立，所以保持現狀還比較好，但如果兩者

建立雙贏關係

有育兒經驗、有時間、有工作意願的女性（B）

正在育兒的女性（A）	支援A的育兒生活	不支援
向B尋求支援	②，②（奈許均衡）	0，1
獨力扶養孩子	1，0	①，①（奈許均衡）

更好的策略

腳步一致，建立了關係，彼此的狀況就會改善。這個狀態也是奈許均衡，**若進展成雙贏關係，這樣腳步一致的互助關係將會使許多人的利得因此改善**。這正是協調賽局的構造。

說開了，其實這就是協調賽局，但我們卻從沒注意到自己早以置身其中。跟某些人合作的話，可以建立互惠的雙贏關係——我們的身邊其實有很多這樣的伙伴，只是我們一直沒有察覺。

幫你解決煩惱的人、你想要的東西在他手上的人、你不知道該如何處理的東西、剛好他需要的人，或是需要你幫忙的人……等。大家不妨望向賽局外的世界，尋找新的伙伴。

⇩向外拓展世界

你可能覺得「增加策略」、「增加玩家」說來容易，但「具體該怎麼辦？」的確，尋找解決問題的具體方法並不簡單。憑著知識和經驗，自己好好地思考——這固然也很重要，不過參考別人的點子，也是聰明的方法。

銀次郎的大哥金太郎為了增廣見聞，出去周遊列國，這也是很有效的嘗試。去到國外，我們才會發現過去覺得理所當然的事，在國外並不盡然。**我們的均衡不是唯一，一旦發現還有其他均衡的時候，這才發現原來是協調賽局**，我自己身為賽局理論的研究者，也常常有這樣的經驗。

日本國內發生的種種問題，在國外是如何因應的呢？商場上，發生在自己公司的問題，若換成其他家公司，不只同行的競爭業者，完全不同行業的企業或團體、組織會有如何的因應策略呢？

即便別人的解決對策不能直接套用在自己的問題，但還是能提供我們一些不同的刺激。

⇩激發沉睡的創意

刺激創意的事物不只存在於組織外。組織裡面，也可能有人掌握解決問題的線索或點子。

多多分享課題，針對解決方法互相交換意見、刺激創意是最理想的。本來，會議就是這樣的目的，但似乎很多時候都激發不出什麼創新又不流於俗套的點子。無法聽取意見的組織，很難刺激創意。謙虛接納別人的意見也是發覺創意所不可或缺的態度。

04 為了實現構想

⇩ 解決方法的「知道」和「做得到」大不相同

知道了問題的構造，要找解決方法可能就不會太困難。克服過同樣課題的組織或社會所採取的解決方法，任誰都會想嘗試看看。但是，「改變規則」、「大家一起改變行為」、「建立新的雙贏關係」等解決方法，都不是一個人可以實現的。必須要組織裡所有成員的共識和合作才行。

「在別的地方成功過，自己也應該可以」，實際進行嘗試以後才發現結果不如預期的例子，也時有所聞。「明明這樣做比較好，卻沒有人肯合作」——或許有人正為此苦惱。

⇩ 重點是「信賴關係」、「社會資本」

同類型組織裡的類似問題，卻分成可以解決和無法解決的狀況，這是為什麼呢？說得更具體一點，到底該怎麼做才能獲得組織內成員的共識和合作呢？

關鍵就在於「信賴關係」。

近年來，在經濟學和社會學領域，**社會資本**（社會關係資本）這個新的資本功能頗受關注。所謂社會資本，就是群眾當中的信賴關係。信賴關係是無形的。但是，要建立信賴關係，必須投資各種努力。有了信賴關係，就能獲得共識和合作，這才得以促成組織活化且健全。

再好的解決方法，如果無法完全信賴提案者，就會開始產生「一定有什麼內幕」的懷疑，或是一味為反對而反對，甚至抱有「看他不順眼，不想合作」的心態。沒有信任做基礎，強硬執行解決方案也不會順利。

因此，當我們要開始做些什麼行動時，就要從建立信賴關係開始。建立信賴關係，必須有相當的投資（努力和時間）。先尋找願意合力解決問題又值得信賴的夥伴，再慢慢增加理解者，建立合作網絡，這樣的順序很重要。

增加夥伴和理解者最有效的是「對話」。針對某個課題，和許多人交換意見，不僅可以獲得解決的靈感，也可以有效找到合作者。

透過對話，傾聽多方意見，達成群體的共識，就會有大的進展。

⇩ 大家都一樣，也是困擾

最後我想舉一個商場上很常見的例子，並從賽局理論的觀點，來做個總結。

在 Part 2 的協調賽局，我介紹了許多「越多人做同一選擇就越有利」的狀況，但社會上也有不少相反的例子。事實上，**同一件事情越多人做，越麻煩的狀況似乎頗多**。

例如，因為收入高的理由，可能有許多人的理想職業是成為醫生、律師或偶像明星。但是，社會上全都是醫生、律師或偶像明星就麻煩了。增加太多，反而會變成粥少僧多的狀況。

企業間的競爭亦然。

再優良的產品，如果同時好幾家企業爭相銷售，就必須互相搶奪客戶，利益也會減少。

⇩看小地方是零和賽局，看大局面就是正和賽局

生活在這種競爭的世界，你可能覺得整個世界像是個零和賽局。有人贏、有人輸，不可能只贏不輸——這樣的心情，我也可以理解。

但是，稍微拓展視野，想法就會改觀。

展開時間上的視野，就知道在漫長的人類歷史中，日本人的生活是最富庶的（至少以物質上而言）。而這富庶生活的後盾就是「**社會分工的利益**」。

日本人所消費的商品或服務真的非常多樣，這些很多都是別人的功勞。我們為他人提供商品或服務，賺來的錢再拿去向別人購買必須的東西。自給自足的效率不佳，我們專事生產特定的商品或服務，再將生產工程細分、分工，以此大幅提升生產力。

將職業、職務切割，分散責任，提高生產力，結果可比自給自足獲得更多、更優質的商品和服務——**俯瞰經濟整體，應該就能看到正和的構造**。

⇩使正和構造發揮必要功能

為了使正和構造能夠有效發揮功能，分工是很重要的。

換句話說，**大家都做同樣的事沒有意義**。有醫生、有律師、有偶像明星，但光是這樣，還是沒有達到社會分工。

順著群眾的需求，進行社會功能的分擔，產生各式各樣的商品和服務，我們才能得到富庶的生活。

話雖如此，社會上有許多商品和服務，負責生產這些的是各式各樣的職業和行業。在這當中要分工分得恰到好處，想必非常困難。

總會有什麼不足或過剩的問題。

⇩從「大風吹賽局」中脫身

社會其實具備了調整這種失衡狀態的功能。那就是在經濟學常見的**「需要」和「供給」兩個視角。**

例如，喜好拉麵人口多的地方，只有一家拉麵店（拉麵店供給不足的狀態），這家拉麵店一定生意興隆。而這個利益會吸引新的拉麵店加入戰局，成為解決「供給不足」的力量。接著，新的拉麵店將會紛紛開張，每一家都想賺大錢。

但是，新開的拉麵店增加太多（需求過剩），就會開始搶客人，利益也跟著減少。

身處在這種激烈競爭中，會覺得這是一場零和賽局。但是稍微放大視野，以俯瞰的角度來思考，**因競爭而利益不彰並非「零和賽局的緣故」，而是「相對於需求的供給過剩」**。改成拉麵店以外的餐飲店，或是地方上缺乏的生意（供給不足的生意），自然就會產生利益，過去互相競爭的拉麵店也增加利益，人們更是樂見其成吧。

銀次郎的溫泉街雖然轉型成以外國觀光客為對象的觀光溫泉街，但是這種策略並非從此一帆風順。若是已經有針對外國觀光客提供的服務，卻無法再獲得利益的狀況下，就必須思考較大幅度的轉型。

還有，故事中銀次郎並沒有繼續跟著金太郎經營旅館，而是選擇成為地區顧問，為步成町與外界搭起橋梁。當然，如果旅館的經營人手不足，選擇和大哥金太郎一起經營旅館也不錯。

但是，銀次郎認為旅館就交給大哥金太郎，自己決定從事幫助步成町和都市互動交流的地區顧問。

經濟變化日漸激烈的現代社會，絕對安穩的職業會越來越少吧。

要在這樣的社會中聰明地生存，必須懂得俯瞰經濟整體，思考人們在追求什麼、還有什麼不足的行動力。如果競爭像是「大風吹賽局」，就要有柔軟的身段，退一步轉換跑道，改變方向，還有尋找空椅子（尚未飽和的市場生意）。

步成町，結成果實的秋天

Epilogue

所以我規劃了和其他地區的研習會…

那個，大家有在聽嗎？

做成煤礦小鎮特有的煤炭風格肥皂或沐浴炸彈…

什麼是沐浴炸彈？

會在浴缸裡面爆炸的，那是屁吧！

那怎麼當特產啊？

…不對，那個叫入浴劑！

哦哦——不愧是地區什麼的！

真是博學多聞啊！

原來如此啊！加入我們的溫泉成份，就完美了！
意見箱也有很多可學的呢！
餐點可不可以來個黑色宴席啊？
啊啊——不錯喔！
……

大家越來越不需要我了…
今天有這樣的繁榮，是誰的功勞！
這樣很好啊～證明大家都開始有自主性了嘛。
喂！銀次郎前陣子的採訪，做成特別報導了呢！

編輯部健二的特別推薦！

重生的煤礦小鎮．步成溫泉的魅力

「過去經歷重重苦難，再接再厲挑戰，才有今天的成就。」

為什麼寫得好像全部都是老哥你的功勞啊？
因為，我比較帥啊。
我也有貢獻耶！
雖然完全是運氣好，不過照片的宣傳很成功。
…咦？

這照片，是一開始在網路上造成話題的⋯
對啊，是我拍的照片。
蛤!?
在照片分享網站造成話題
旅館生意還不好的時候，我到處去拍照。
旅行中，我又一直上傳。
你為什麼要這麼做？

一個人旅行好寂寞⋯
好想回家
你的故鄉是哪裡啊？
旅行的老兄
詳細情形請上網⋯
這小子説什麼啊
啊啊！是這樣啊！
想家的話，那你就回來啊！

吵死了!!!

啊哈哈哈哈哈

後記

找尋真正的目標

人是一種奇妙的生物，一旦有了明確的目標，就能發揮莫大的力量。各位讀者也請務必立下明確的目標，活用本書所學的賽局理論。

也有一些介紹賽局理論的書，教人如何打敗對手。如果你真的有想要打敗的人，以此為目標也無妨。

但是，打敗了對方，也只是獲得一時的滿足，有時候反而還會造成長久的遺憾。我們已經在前面學到，短期視野的思考和長期視野的思考，目標會有變化（時間矛盾）。

我們也不擅長對多種需求做出綜合判斷（馬斯洛的五層需求）。一個人為求功名財富，一心一意地工作，最後卻發現家人都已不在身邊，身體也因過勞而生病，所有資產都投入治療，到頭來失去一切……這不是很悲哀嗎？

所幸我們在物質上已經享有富庶的生活。以馬斯洛的需求階層來說，不只是低層次的需求，尊重和自我實現這些高層次的需求，也有不少人開始有餘力可以思考。但是，即使有餘力，可能還是很難擺脫追求低層次需求的習慣。事實上，家裡囤積太多不必要物品的人好像很多。

聖修伯里（Antoine de Saint-Exupéry）的小說《小王子》（LePetit Prince）中有一句名言：「真正重要的東西，是肉眼看不見的」。

儘管我們已經生活在物質豐富的社會，但人生卻還是有許多課題，擺脫不了封閉感的理由之一，或許在於我們自己也錯失了最重要的東西。

對你來說，真正的終點是什麼——不要因周遭的聲音或眼前的利益、一時的情緒而畫錯重點，去找尋人生真正的終點、真正的目標吧。

若你找到了不會後悔的目標，請務必利用從本書所學的賽局理論知識，達成你的目標。

再怎麼優秀的道具，不使用它就沒有功用。希望賽局理論能成為各位解決問題時的有利工具。

最後，我要感謝日本能率協會管理中心的柏原里美小姐、漫畫家円茂竹繩先生、Trand Pro 的福田靜香小姐，本書承蒙他們的大力相助才得以如此精美。

在此致上由衷的感謝。

川西諭

漫畫 賽局理論，解決問題最簡單的方法
マンガでやさしくわかるゲーム理論

作　　者　川西諭
譯　　者　蔡昭儀
繪　　者　円茂竹縄
副總編輯　李映慧
編　　輯　林玟萱

總 編 輯　陳旭華
電　　郵　ymal@ms14.hinet.net

社　　長　郭重興
發行人兼出版總監　曾大福
出　　版　大牌出版
發　　行　遠足文化事業股份有限公司
地　　址　23141 新北市新店區民權路 108-2 號 9 樓
電　　話　+886- 2- 2218 1417
傳　　真　+886- 2- 8667 1851

印務經理　黃禮賢
封面設計　柳佳璋
排　　版　極翔企業有限公司
印　　製　成陽印刷股份有限公司
法律顧問　華洋法律事務所　蘇文生律師

定　　價　320 元
初版一刷　2016 年 3 月
二版一刷　2018 年 3 月
有著作權　侵害必究（缺頁或破損請寄回更換）

MANGA DE YASASHIKU WAKARU GAME RIRON by Satoshi Kawanishi
Copyright © 2015 Satoshi Kawanishi
All rights reserved.
Original Japanese edition published by JMA Management Center Inc.
This Traditional Chinese language edition is published by arrangement with JMA Management Center Inc., Tokyo in care of Tuttle-Mori Agency, Inc.,Tokyo through AMANN CO., LTD. Taipei.

國家圖書館出版品預行編目資料

漫畫 賽局理論，解決問題最簡單的方法 / 川西諭著 ; 円茂竹縄繪 ;
蔡昭儀譯 . -- 二版 . -- 新北市 : 大牌出版 , 遠足文化發行 , 2018.03
面 ;　公分
譯自：マンガでやさしくわかるゲーム理論

ISBN 978-986-96022-0-4 (平裝)

1. 經濟學　2. 博奕論　3. 漫畫

550　　106024841